PÉTITION

DE LA FRANCE.

Publication simultanée :

Manifeste à la Presse, aux Rois et aux Chambres de l'Europe, pour les Droits et la Liberté des Princes légitimes.

La Liberté du Roi, c'est la Liberté de la Nation (PITT).

Nouvelle Édition de Paris, développée et enrichie d'un nombre de Documents inconnus.  Bel in-8°, imprimé avec luxe, sur papier des Vosges.

Cette Publication, qui a obtenu l'attention de l'Europe, et dont les résultats diplomatiques sont connus, peut être considérée comme un Tableau hardi et une *Explication* péremptoire des Révolutions de l'Europe ancienne et de l'Europe nouvelle, dans leurs rapports avec la *Royauté*, les prétentions et l'influence politiques des femmes.

PARIS. — Imp. de HAUQUELIN et BAUTRUCHE, r. de la Harpe, 90.

PÉTITION

De la France

AUX CHAMBRES ET AU ROI,

POUR

LES LIBERTÉS INTER-NATIONALES.

Par l'auteur du *Manifeste pour les Droits des Princes Légitimes.*

Petite et dabitur vobis : *pulsate* et *Aperietur* vobis.
Sermo in monte, *in S. Matt.* vii. 7.

« L'*exil* d'un Prétendant légitime (Don Carlos et le duc de Bordeaux peuvent se croire tels) double sa puissance morale, la première de toutes les puissances contre les Rois, même légitimes. »

Le Chancelier Bacon.

PARIS,

Chez
HIVERT, Quai des Augustins, 55.
PILLET AÎNÉ, Rue des Grands-Augustins, 7.
DENTU, Au Palais-Royal.
ROSA, a la librairie espagnole, Rue Hauteville, 25.

1844.

Libertas non privata, sed *Publica res* est.

DROIT ROMAIN.

Violatio libertatis *perpetuò clamat.*

DUPIN.

Note du mot : *Roi*, à la première ligne de la page 54.

Omnis Potentatûs brevis vita…. Et *Rex hodiè est, et cras* morietur. ECCL. X.

Ceci est pour réhabiliter, pour grandir, pour annoblir, et surtout pour rendre enfin utile, bienfaisant, vraiment National, LE DROIT DE PÉTITION aux Chambres; ce droit proclamé par les premières Constitutions, et par Mirabeau : « La première des *Libertés Nationales*, puisqu'elle a pour objet, en définitive, de réclamer les autres Libertés, si elles étaient jamais oubliées ou violées par les Ministres et les Assemblées délégués plus spécialement pour les garantir. »

La *Pétition* est aujourd'hui l'étroit asile, le *pied à terre* dans la souveraineté, dans la Patrie, disons-le, *chez lui*, du Sujet (car je ne veux pas laisser prescrire ce titre), et, le plus souvent, du plus pauvre sujet, et surtout du sujet le plus pauvre, lesquels jadis y étaient au large; des *Sujets*, tous ensemble, qui sont au-dessous ou au-dessus des Chambres : c'est-à-dire de 33,000,000 d'Ames, ou d'Esprits.

Aujourd'hui c'est, on peut le dire, le *pied à terre* des rois d'Espagne ou même de France, dans la Patrie.

Nous en usons; car, après, il n'est plus que l'insurrection et le refus d'impôts, que nous laissons à d'autres.

Nous espérons, humbles et fiers en Dieu que nous sommes, et grâce à la Justice, à la Générosité de la France, et même des Chambres et de la Presse, plus peuples ou plus rois que jamais, élever le Droit de *Pétition*, abandonné aujourd'hui aux plus petits intérêts individuels, ou aux passions politiques les plus acérées, jusqu'au Droit Politique et même au droit des Gens Européens, et, par surcroît, aux plus chers intérêts d'une grande Nation et d'une grande Famille malheureuses.

Nous avons voulu grandir le Citoyen, comme le sûr, comme le dernier, comme l'unique moyen de grandir le Député, le Pair, le Roi, et surtout le Pays.

Au Nom de la France, nous grandirons, osons le dire, osant le penser, la France : car nous montrerons qu'elle est aussi généreuse que l'Angleterre, son éternelle contraire, est égoïste; et qu'à sa différence, ce n'est jamais qu'en nous faisant violence, que nous sommes iniques et inhumains.

Et nous demandons, en définitive, une Liberté et une Humanité si légales, si constitutionnelles, si naturelles, si salutaires, que le Gouvernement Anglais lui-même, qui nous en a laissé, et peut-être stipulé, la violation, ne veut pas, aujourd'hui encore, en avoir la honte européenne.

Voici, à cet égard, des faits, et même des aveux, de l'Angleterre, plus significatifs, comme exemples ou comme leçons, pour ou contre la France, que tous ses *Droits de visite* et toutes ses *Pomaré* :

Le plus accrédité de leurs journaux, le *Times* (le *Journal des Débats* de l'Angleterre) prend hautement le parti de la Raison, de la Légitimité, du Salut : il demande assez la Liberté des Princes de Bourges, car il demande positivement leur alliance avec Isabelle.

Un autre journal anglais dit qu'il *ne s'agit plus que d'opter entre Madame de Santa-Cruz* suivie de *Pantaléon Boné*, et... le *Prince des Asturies.*.

Et on lit dans tous les journaux de Londres et de Paris :

« Le *Morning-Post* contient une lettre de lord Ranelagh, concernant la Motion dont la position de Don Carlos sera l'objet dans quelques jours à la Chambre des Communes. Lord Ranelagh a suivi Charles V dans son expédition pour reconquérir le trône d'Espagne, et a même publié un ouvrage sur cet objet. Dans cette lettre, lord Ranelagh adresse divers reproches à lord Palmerston. *Il le blâme notamment d'avoir défendu aux lords de l'amirauté de recevoir Don Carlos à bord des vaisseaux anglais, dans le cas où il y viendrait réclamer protection.* Un pareil ordre était cruel; enfin, lord Ranelagh soutient que *jamais Don Carlos n'a donné sa parole qu'il ne retournerait pas en Espagne....*

« Au commencement de la séance des Communes du 27 février, lord John Manners a fait une Motion d'*Adresse à la Reine* pour obtenir de la France la mise en liberté de Don Carlos. Cette motion a été combattue par sir Robert Peel et lord Palmerston. Ces deux orateurs, tout en professant *de la sympathie pour le Prince captif*, ont soutenu que le gouvernement anglais n'avait pas le droit de s'immiscer dans une *Question de Législation française.*» (L'aveu est précieux).

« M. Borthwick a terminé son discours en ces termes :

« Pour qu'un monarque jouisse en Espagne de quelque popularité, il faut qu'il soit Espagnol. Isabelle peut être une reine anglaise, française, portugaise ou de la quadruple alliance; mais il n'y a pas d'Espagnols qui, au fond, lui soient cordialement dévoués. Si Don Carlos rentrait en Espagne, il se grouperait autour de lui un parti aussi nombreux qu'influent. »

« M. Cochrane a plaint Don Carlos, qui est mal logé et qui peut, il est vrai, se promener dans un rayon de quatre lieues; mais le très-honorable baronet (sir Robert Peel) n'a pas dit qu'il avait *toujours* sur ses talons *quatre* gendarmes et *deux* agens de police.

« Don Carlos a la conviction que les gouvernemens de France et d'Angleterre s'entendent pour le retenir captif. Lorsque Napoléon fut relégué à Sainte-Hélène, l'Angleterre fit le sacrifice de 12 à 20,000 livres sterl. par an : quelle différence comparativement à la *mesquinerie* avec laquelle est traité le *Parent du Roi de France!...*»

A cela près, ou quoi qu'il en soit, la France, les Chambres et le Roi devraient aimer Don Carlos et le Prince des Asturies de toute la haine qu'a pour eux, non pas le Pays, mais le Ministère de l'Angleterre.

Mais nous allons *bien voir*.

————

PÉTITION DE LA FRANCE

POUR

LES LIBERTÉS INTER-NATIONALES.

§ Ier.

Aux Chambres.

> D'une terre chérie,
> C'est un fils désolé ;
> Rendons une patrie,
> Une patrie,
> Au pauvre exilé.
>
> De rivage en rivage,
> Que sert de le bannir ?
>
> BÉRANGER.

———————o———————

Ceci est, en effet, la *Pétition Française* par excellence, la demande, il faut le dire, à cors et à cris de la France, si la France, en ce moment, pouvait en masse demander et vouloir quelque chose.

Et il est un assez facile moyen de s'en assurer :

Ce serait de poser, dans un lieu public quelconque de la capitale, d'un chef-lieu de département, d'arrondissement, de canton, de commune, un registre, non pas de Pétition de Liberté, mais de Pétition d'Emprisonnement à Bourges, pour Charles d'Espagne et le Prince des Asturies.

Il ne se trouverait pas, dans toute la France, un seul Français ; il y a plus, il ne se trouverait pas un seul Espagnol *christino* ou *espartériste*, assez osé pour aller s'y inscrire (*) ! Et moi, je défie qui que ce soit de

———————

(*) On a calculé, dans le seul *Echo*, jusqu'à 100,000 Notables de France, et un grand nombre dans les rangs dynastiques, qui sont venus en aide de leur bourse aux

1

nier la vérité et la suffisance de mon hypothèse, sans qu'il soit besoin d'un essai, pourtant si facile, de son épreuve.

Jugez par là de la légalité, de la légitimité, de la politique, et surtout de la moralité, de la vertu, du besoin, du devoir pour le Roi et les Représentants de la France, de mettre en liberté les Princes d'Espagne !

C'est que leur liberté est, bien plus qu'on ne pense, la liberté présente et future de tout le monde, sans plus excepter peut-être celle de la Cour actuelle des Tuileries que celle de Madrid.

S'il y avait une vertu première, sans excepter celle de la piété envers Dieu (« Celui qui n'aime pas l'homme qu'il voit, » dit saint Jean, l'Apôtre spécial de la charité, « n'aime pas Dieu qu'il ne voit pas »), ce serait l'Hospitalité.

Le père des Dieux de l'Antiquité profane s'appelait (et ce sont les Machabées qui nous l'apprennent) Jupiter Hospitalier : *Jovis Hospitalis.* — « La vie de l'homme, dit Pausanias, est si chargée de vicissitudes, de travaux et de peines, que la *Miséricorde est le Dieu* qui mériterait d'avoir le plus de crédit. Tous les particuliers, toutes les nations du monde en ont également besoin ».

La Pitié avait des autels à Athènes, la ville la plus civilisée de la Grèce ; elle en eut, *à fortiori*, à Rome, à laquelle Athènes aboutissait.

Mais écoutez le *Traité des Devoirs* des Grecs et des Romains écrit éloquemment par le *dernier des Romains*, Cicéron : « Il est une vertu « que Théophraste loue entre toutes les vertus, c'est l'Hospitalité : rien « en effet n'est plus beau que de voir les palais des illustres indigènes, « ouverts aux étrangers illustres. Il y va de la gloire de l'état, il y va « même de l'intérêt et du crédit légitime de ceux qui aspirent à l'hon- « neur de commander dans la république : la munificence envers les

---

fidèles soldats de Charles d'Espagne. Ceux-là ont signé assez la pétition de sa liberté.

Que serait-ce des Espagnols, en général, « dont la majorité numérique est carliste,» selon l'aveu et les paroles formelles et récentes du *Benjamin-Constant de l'Espagne*, M. Borréjo. M. San Miguel, qui n'est pas plus récusable, a déclaré depuis, dans une brochure imprimée, que «les 9/10° des Espagnols étaient opposés au trône d'une femme.»

« autres nations est le premier moyen de notre renommée chez elles, et de
« notre autorité chez nous (*). »

La poésie épique de l'antiquité, l'expression historique et populaire des
mœurs et des lois nationales, se complaît et triomphe à célébrer l'Hospitalité.

L'*Odyssée* n'est que l'histoire du refuge perpétuel d'un héros.

L'*Enéide* n'est pas autre chose ; et Didon n'est aimée que parce qu'elle
fut généreuse :

> Venez, nobles bannis, leur dit-elle avec joie ;
> Carthage hospitalière est l'asile de Troie.
> Le destin vous poursuit ; c'est assez pour mon cœur :
> Malheureuse, j'appris à plaindre le malheur.
> . . . .

> *Quarè agite, ô tectis, juvenes, succedite nostris.*
> *Me quoque per multos similis fortuna labores*
> *Jactatam hâc demùm voluit consistere terrâ.*
> *Non ignara mali, miseris succurrere disco.*
>
>   Æn., lib. I, 630 et seq.

Aceste, qui régnait dans une partie de la Sicile, fit le meilleur accueil
à la flotte d'Enée, lorsqu'elle aborda dans ses états :

> *At procul excelso miratus vertice montis*
> *Adventum sociasque rates, occurrit Acestes,*
> *Horridus in jaculis et pelle Libystidis ursæ ;*
> *Troïa Criniso conceptum flumine mater.)*

(*) Le latin est encore plus beau :

« Recte etiam à Theophrasto est laudata Hospitalitas. Est enim (ut mihi quidem vi-
detur) *valdè decorum*, patere domos hominum illustrium *illustribus hospitibus :* id-
que etiam reip. est ornamento, homines externos hoc liberalitatis genere in urbe nostrâ non egere. Est autem etiam *vehementer utile* iis, qui honestè posse multùm volunt,
per hospites apud externos populos valere opibus et gratiâ. »

L'hospitalité, l'amour bien entendu des émigrés, est l'*usage* d'une vertu politique,
dont M. Guizot, l'ami et presque l'amant des *Rossi*, des *Libri*, etc., accomplit supérieurement l'*abus*.

> *Quem genuit. Veterum non immemor ille parentum,*
> *Gratatur reduces; et gazá lœtus agresti*
> *Excipit, ac fessos opibus solatur amicis.*

Un des compagnons d'Ulysse fut retenu dans la grotte de Polyphème. Virgile raconte ainsi, au troisième livre de l'*Enéide*, son apparition devant Enée, dans l'île des Cyclopes :

> *Quùm subitò è sylvis, macie confecta suprema,*
> *Ignoti nova forma viri, miserandaque cultu,*
> *Procedit; supplexque manus ad littora tendit,* etc.

Les Francs et les Germains, appelés plus spécialement au Christianisme hospitalier, étaient préparés à l'Hospitalité ; et Montesquieu cite, en l'admirant, le bel hommage que rend à leurs *Mœurs* sur ce point leur historien Tacite :

« Nulle nation n'est plus amie de ses prisonniers et des étrangers : *Convictibus et hospitiis non alia gens effulgiùs indulget.*

« Celui qui a reçu un étranger le conduit, lorsqu'il veut s'en aller, chez un de ses amis qui l'accueille encore : *Et qui hospes fuerat, monstrator hospitii.* »

Ce que Tacite dit des Germains, César l'avait déjà remarqué des Gaulois : *Hospites violare fas non putant. Iis omnibus domus patent, victusque communicatur.*

Mais tout cela, il faut le dire, n'était supérieurement dit, et surtout accompli véritablement, que chez le Peuple modèle : le Peuple de Moïse d'abord, et enfin chez les Chrétiens, le vrai Peuple de Dieu. Le plus simple étranger, un serviteur, était le *Béni du Seigneur*, et traité comme maître dans la maison hospitalière, selon la *Genèse*, xxiv, 31 ; et les violateurs de cette antique et solennelle loi furent une fois frappés de cécité en Egypte par une plaie miraculeuse (V. la *Sagesse*, xix, 13-16).

Les fidèles à ce devoir avaient *Dieu à côté d'eux*, pour parler la langue sublime d'Isaïe : *Frange esurienti panem tuum, et Egenos induc in domum tuam... Tunc clamabis et Dominus dicet: Ecce adsum.*

Lorsque vint le Sauveur, appelé, — à naître dans une Crèche étrangère : *Veri Numinis hospita* (*Hymne* de l'*Epiphanie*) ; — à fuir en Egypte, dès sa naissance, avec Joseph et Marie : *Surge, accipe Puerum et Matrem et fuge in Ægyptum, et esto ibi usquè dùm dicam tibi.* MATTH. II. 15 ; — appelé à fuir de l'Egypte, pour se cacher encore ailleurs : *Surge*, etc., *et vade in terram Israël. ibid.* 20 ; — appelé à vérifier la prophétie d'Isaïe : *Filii tui de longè venient* (*Epître* du Jour des *Rois*) ; — et à vivre, à *passer* lui-même *en faisant le bien*; — à faire *passer* ses Apôtres *en le faisant* sur tous les points de l'univers : l'Hospitalité fut bien autrement de devoir et de salut... Il va jusqu'à nous dire à chacun, en saint Matthieu, xxv, 34-46, que lorsque nous accueillerons, en son nom, dans notre maison *le plus Petit*, c'est Lui-même que nous accueillerons, et qui nous accueillera dans la sienne à son tour ; et il dit cela dans le même temps et le même lieu qu'il nous dit, à chacun aussi, qu'en allant visiter en son nom un infidèle et surtout un fidèle dans la maison inhospitalière par excellence, une prison, l'*Hôtel Panette* par exemple, c'est *lui-même* encore et surtout que nous visitons !

Le Premier des Apôtres, saint Pierre, dans la 1re des *Epîtres*, IV, 8-9, prescrit l'Hospitalité, mais l'*Hospitalité sans murmure*, avec joie, comme la première des charités, « celle qui couvre beaucoup de péchés ; » et le second des Apôtres, *l'alter ego* du premier, saint Paul, développe, plus que tous les autres écrivains sacrés, cette charité par excellence, qu'on peut considérer comme la plus importante des temps modernes, des temps les plus durs, les derniers des temps. — C'est surtout celle des Evêques, lesquels aussi ont fondé, le plus souvent de leurs patrimoines, la plupart de nos *Hôtels-Dieu*, où, pour parler comme eux : « Les enfants de Dieu et surtout ceux du monde sont traités à l'égal des enfants des rois : » *Oportet Episcopum Hospitalem* (*ad Tit.*, I, 8). — C'est ensuite celle des meilleurs fidèles : l'*Epître* de saint Paul en prison à son cher Philémon libre, en est une leçon et un exemple magnifiques. La maison hospitalière de Philémon était devenue la maison de l'Eglise : *Ecclesiæ quæ in domo tuâ est.* Saint Paul ira bientôt, de sa prison, à la maison de liberté... *Para mihi Hospitium.* — Et quels motifs superbes l'homme, qui mérita d'être ravi au troisième Ciel, ne donne-t-il pas à l'amour des Etrangers ! — « Les Chrétiens sont des étrangers, des Hôtes fugitifs sur la terre : *Hospites sunt super terram* (*ad Hebr.*, XI, 13.) ? — Et n'est-ce pas en étant hospitaliers que plusieurs ont eu, sans le savoir, pour hôtes des Anges ?

Et encore ici l'Esprit-Saint affecte de comparer, d'identifier l'Hospitalité que nous offrons chez nous, à la compassion que nous avons pour les victimes de la contre-hospitalité dans les prisons :

Charitas fraternitatis maneat in vobis.

Et hospitalitatem *nolite oblivisci,* per hanc enim latuerunt quidam, An. gelis hospitio receptis (*Gen.* xviii, 5 ; xix, 2).

Mementote vinctorum, tanquàm simul vincti ; et laborantium, tanquàm et ipsi in corpore morantes (AD HEBR., xiii).

Autres temps, mêmes *Mœurs des Chrétiens* (*).

Le grand maître et l'historien par excellence de la *Morale* évangélique, saint Grégoire-le-Grand, qualifie d'une façon sublime l'Étranger, l'Exilé surtout invoquant l'Hospitalité. Il ne le nomme pas seulement *Ange,* comme Moïse (**), mais Dieu lui-même en personne : *Hospitem suscipiens suscipit Christum.*

Les premiers *Chrétiens, Christs* eux mêmes par excellence, au dire de saint Augustin, furent tous Missionnaires, c'est-à-dire voyageurs, souvent persécutés, fugitifs, *étrangers sur la terre,* et en ces qualités *Hôtes, Hospitaliers.* Les plus illustres Évêques, les Pères de l'Église, l'étaient au plus haut degré : saint Cyprien, saint Athanase, saint Basile, saint Chrysostôme, saint Symmaque, Pape. Et, en même temps aussi qu'ils traitaient, *ex professo,* de la *Persécution,* de l'*Exil,* de l'*Hospitalité* (***), ils bâtissaient, de leurs patrimoines, sous le nom de *Xeno-*

(*) V. la *Discipline* de Thomassin, et seulement les *Mœurs des Chrétiens* de Fleury, chap. 29 et 51.

(**) Et même comme les Francs, dont le nom d'*Etre-angers* est comme *Angélique.*

(***) L'un des plus illustres Evêques des temps modernes, Fénelon, avait fait de son Palais de Cambrai, placé au théâtre des guerres de son siècle, une sorte de Ville de Refuge, où il accueillit successivement le Maréchal de Munich, Ramsay, etc. Ce qui a fait dire de lui à Villemain......... *mais alors.......* :

« Il était exempt de cet étroit patriotisme qui calomnie tout ce qui existe au-delà des frontières. Son ame vertueuse avait besoin de s'étendre dans l'univers, et d'y chercher le bonheur des hommes. « J'aime mieux, disait-il, ma famille que moi-même ; j'aime mieux ma patrie que ma famille ; mais j'aime encore mieux le genre

dochia, de *Gymnases* des étrangers, etc., les premiers et les plus riches hôpitaux de l'ère nouvelle, à Césarée, à Constantinople, et jusqu'à Carthage, et enfin à Rome.

Rome, dès lors, et à jamais, le lieu d'Asile, la Ville hospitalière modèle, et surtout la *Ville Éternelle* des *Rois malheureux*, que Montesquieu considère comme les *meilleurs et les plus dignes des Rois*.

Ne pouvant rendre la Couronne au dernier et au plus grand peutêtre des Stuarts, elle lui donna la Pourpre.

Et bientôt, et à toujours, au fur et à mesure de la formation des Nations nouvelles, le *droit* et le devoir d'Hospitalité se trouve si naturel, si *des gens*, qu'on le stipulait, sous le nom de *Mansion*, dans les Alliances (Voyez Grotius).

Tous les usages, toutes les mœurs, toutes les lois politiques du Moyen-Age, les conquêtes même des Romains s'expliquent par les droits de Mission, de voyage, d'Hospitalité, de libertés nécessaires au Christianisme pour conquérir les Nations, et ne sauraient s'expliquer que par eux : — les *voies romaines*, aux *pavés* chrétiens et immortels, ceux-là ; — la conservation, la consécration de la langue latine, seule vierge et mère entre toutes les langues, et apprise partout, avant, pendant ou après la langue indigène ; — la formation de la *langue française*, parlée partout, presque à l'égal de la latine ; — le *droit d'aubaine*, de plus en plus odieux, et enfin partout aboli ; — l'établissement, plus général et mieux organisé, des *Ambassades* et des *Consulats*, protecteurs des étrangers ; — l'invention judaïque des *Lettres de change*, argent volant d'un bout du monde à l'autre ; — la découverte de la *Boussole*, qui a fait de l'Océan la *grande route des Nations* ; — l'organisation, plus large et plus rapide que jamais, des *Postes*, des *Messageries*, des Roulages *accélérés*, des *Télégraphes*, etc., de jour et même de nuit ; — la *Poste aux lettres* (immense comme les éloignements des correspondants), de plus en plus productive aux gouvernemens ; — les *papeteries*, presque

---

« humain que ma patrie. » Admirable progression de sentimens et de devoirs ! des esprits faux et pervers ont abusé de ce principe ; il méritait cependant d'être autorisé par Fénelon : c'est le *Charitas generis humani*, écnappé de l'ame de Cicéron. »

aussi riches que les *forges;* — et enfin la manie universelle des *Chemins* de toute nature, aujourd'hui de *fer* et de terre, et bientôt d'*air;* — et la *Vapeur* infernale et divine pour *diviser*, mais aussi pour *unir* et justifier l'*univers.*

En sorte que, s'il y a dans notre siècle et dans nos mœurs un fait saillant, c'est que tous tant que nous sommes, nous pensons incessamment aux affaires d'autrui plutôt qu'aux nôtres; nous ne sommes bien qu'où nous ne sommes pas; nous n'aimons que ce qui nous manque; nous sommes moins nous que tous les autres, moins chez nous que chez les autres : nous sommes *déplacés* tous; et c'est la cause et l'effet, le signe en tout cas, de notre malaise.

Si les *Pélerinages* à Jérusalem, à Rome, aux milliers de *Notre-Dames*, dans toute la Chrétienté, devinrent, dans le Moyen-Age, le devoir habituel du fidèle; s'il s'érigea des *Ordres de Frères et de Sœurs Hospitaliers*, d'où sortirent plus tard jusqu'à l'*Ordre de Malte*, c'est que l'*Hospitalité* était le *droit commun.*

Et si les *alberges* d'Italie et les *auberges* de France, si les *abris* universels, corruptions littéraires des *hôtelleries* des premiers siècles, si les vils *hôtels garnis* brillants des villes, qui ont voulu, au défaut de la chose, reprendre et profaner le *nom*, sont des signes et des preuves de l'égoïsme exclusif des Chrétiens dégénérés, le *droit d'Asile* jusque et surtout dans les Eglises, laissé partout même aux parjures et aux criminels de lèse-majesté, les Hôtels-Dieu, vrais *autels* en action de Dieu, sont restés des témoignages et des monumens vivans de l'antique et immortelle Hospitalité.

Jugez de la bonté, de la beauté, de la magnificence du droit et du devoir d'Hospitalité depuis, sous, et grâce au Christianisme, par un seul.. mot! Si l'*Hospes*, l'*hospites* (*) du latin ne vient pas rigoureusement de *pietas;* — l'un des noms les plus usités de l'*hospitalité;* le plus populaire, la *Pitié*, est précisément le synonyme contracté de la *Piété* elle-même!

Et c'est sous ce nom que l'Église de Paris a fondé la *Pitié*, la plus riche succursale de son Hospitalité, après son *Hôtel-Dieu.*

C'était pour reconnaître l'Hospitalité de l'Europe envers la France,

---

(*) Le mot d'*auspices*, synonyme de patronage, n'a pas, non plus, d'autre racine.

que le comte de Montlosier publia, dans sa critique du *Code civil*, une éloquente apologie des Émigrés, l'abbé Delille son beau poème de la *Pitié*, et M. Michaud son *Printemps d'un Proscrit*.

C'était à la vue de l'exercice commencé et dans la peur de la violation de l'amour des exilés par la révolution française, que le premier Avocat-Général des temps modernes, Servan, disait avec autant de vérité que d'éloquence : « Tout ce que l'humanité avait de sensible, les égards de doux, la bonne foi de saint, telle était l'ancienne hospitalité. Un étranger était un objet sacré ; ses priviléges étaient plus grands que ceux d'un citoyen ; moins il avait de ressources, plus il trouvait de secours ; on se plaisait à lui composer une patrie, une famille, des serviteurs, des parents ; la bienfaisance triomphait dans ces hospices sacrés, et la reconnaissance, en l'embrassant, lui jurait dans ses tendres adieux un souvenir immortel, et brûlait du désir de s'acquitter. Sont-ce des fables que je raconte ? on le croirait, si des peuples que nous traitons de barbares ne cultivaient encore aujourd'hui ces usages divins. Une image sublime de l'hospitalité, c'est Thémistocle réfugié chez Admète, son plus implacable ennemi, et qui se rend sacré pour lui en prenant dans ses bras le fils de ce roi, et s'asseyant au milieu de son foyer entre ses dieux domestiques. Que cette attitude énergique peint vivement les mœurs et la religieuse Hospitalité !

« Thémistocle, chez Admète ;

« Et Coriolan chez Tullus, roi des Volsques, qu'il avait irrité ;

« Et le prince Charles Stuart qui, obligé de se séparer de Macdonald, sa providence dans le malheur, entra hardiment dans la maison d'un gentilhomme qu'il savait n'être pas de son parti, en lui disant : « Le fils de votre roi vient vous demander du pain et un habit. « Je sais que vous êtes mon ennemi ; mais je vous crois assez de vertu « pour ne pas abuser de ma confiance et de mon malheur. Prenez les « misérables vêtemens qui me couvrent, *gardez-les ; vous pourrez me* « *les rapporter un jour dans le palais des rois de la Grande-Bretagne.* » Ce discours produisit son effet ; le prince fut accueilli, et le secret gardé. »

Les Anciens, nos maîtres en tout, au temps même où les hommes, étant plus près des Dieux, étaient plus innocens, élevaient le droit d'Hospitalité et la liberté de l'Hôte jusqu'au coupable, sans excepter l'homicide! — Moïse, le plus illustre des fugitifs, n'avait fixé que trois villés de refuge aux Israélites, mais le plus près possible de toutes les autres villes, *au milieu*, afin de rendre plus aisé l'asile des coupables : *In medio terræ... Sternens diligenter viam ; ut habeat è vicino profugus quò possit evadere.* (DEUTER., IV et XIX). — Josué, que j'appellerais volontiers *Josué-Christ*, car il était la plus brillante figure du Sauveur, et l'introducteur des Élus temporels dans la *Terre promise*, la terre hospitalière (*Terra hospita*, dit Virgile) par excellence, Josué n'a pas sitôt organisé les villes des tribus, qu'il en assigne six avec le nom et la mission de *refuges*, même pour les étrangers coupables, en attendant leur présentation à tout le peuple, et leur jugement par tout le peuple : *Hæ civitates constitutæ sunt cunctis filiis Israël, et Advenis,.... donec staret ante populum expositurus causam suam.* JOSUÉ, XX. 9.

Qu'eussent pensé les Anciens (*) de la violation de la liberté individuelle du réfugié (**) vertueux?.... Quasi ce que leur histoire a dit de Ptolémée, surnommé *l'Ingrat*, le *traître*, qui fit assassiner un autre *dernier Romain*, le grand Pompée, son protecteur à Rome, lui demandant asile;... mais que la Providence aussi punit, presque immédiatement,

---

(*) Le vieil Homère, Hospitalier, parce qu'il était *Voyageur*, appelle *Inhumain* l'Hôte qui ne laisse pas l'Exilé libre : *Hospitem invitum detinere inhumanum est.* ODYSS. 9.

(**) Je ne sache qu'un seul cas où l'Hospitalité puisse être éludée ou expiée, c'est celui dont l'*Histoire de France* et celle d'*Espagne* rapportent l'exemple :

« L'empereur donne le commandement de ses armées au Connétable de Bourbon, et lui promet en mariage Eléonore sa sœur, veuve du roi de Portugal. Un Seigneur espagnol, nommé le marquis de Villane, ne voulut point prêter son palais pour y loger le Connétable de Bourbon. Guichardin, qui loue avec raison une si noble façon de penser, raconte ainsi le fait. « Je ne puis rien refuser à Votre Majesté, dit ce cava- « lier à Charles-Quint; mais je lui déclare que si le duc de Bourbon loge dans ma « maison, je la brûlerai dès qu'il en sera sorti, comme un lieu infecté de la perfidie , « et par conséquent indigne d'être jamais habité par des gens d'honneur. »

de la loi du *Talion*, en le faisant vaincre et emprisonner de la main du même César qu'il avait cru flatter par la tête de son rival... en attendant qu'elle le noyât dans le Nil!!!

Un autre roi, traître fameux de Roi, c'est... Tibère, celui sous l'empire duquel Judas trahit le Fils de Dieu. Il avait appelé à Rome, pour *se faire fête* réciproque, Archélaüs, roi de Cappadoce; et à peine est-il arrivé dans la ville, qui fut depuis si hospitalière, que le voilà mis en prison, et puis à mort! et son royaume, selon l'usage, déclaré *Province romaine*.

On ne connaît guère de traîtres célèbres de ce genre depuis le christianisme, et grâce à lui, que certains Écossais que l'historien philosophe Hume lui-même flétrit et accuse « d'avoir marchandé et vendu leur Roi pour une somme d'argent » ; en ajoutant : « La nation tout entière *n'est point quitte encore*, après 100 années de cette accusation, car *une tache si noire* ne s'efface point aisément. »

Et puis le *Drouet* de Varennes, que l'arrestation de Louis XVI, fugitif de son ingrate patrie, envoya voter conséquemment sa mort à la Convention; — et les *Fouché*, et les *Caulincourt*, et leurs suppôts *Philippe*, épicier au Tréport, *Méhée*, *Ordonner*, les arrestateurs du duc d'Enghien; — et les *Savary* et les *Duroc*, les inexorables milieux à Bayonne entre Bonaparte et Ferdinand VII.

Célébrer, pratiquer comme nous l'avons vu, l'Hospitalité, la *foi et hommage* à l'étranger même coupable, flétrir, honnir, abhorrer sa trahison, c'est proclamer assez les droits civils et la *liberté* de l'étranger dans l'exil.

« La liberté du domicile ? C'est la Vie, plus que la vie, » disent successivement Servan et Mirabeau; les deux hommes du xviiie siècle qui se connurent le mieux en visites hospitalières, ou en demeures forcées de prisons et de bastilles.

Le droit de fixer sa demeure où il veut, et de respirer l'air qui lui convient, est pour l'homme un droit éminemment naturel. Dieu, en le créant, lui a fait don de la terre entière; et s'il l'entrava de gouffres et de barrières, il enseigna l'art de les traverser et de les franchir. Le droit d'aller, pour un individu, n'a de limites que l'impossibilité physique, ou le préjudice moral qu'il y aurait à l'exercer. Il est légitime par cela seul qu'il est possible de la part de celui qui le demande, et dû par celui qui le souffre. Ce principe raisonnable est aussi écrit dans toutes les législations éclairées, dans la loi des hommes comme dans celle de Dieu; et il a été exercé, consenti et subi dans tous les temps. Il ne siérait pas même à la révolution de le contester. Je le trouve dit et consacré dans toutes ses *Déclarations des droits de l'Homme de* 89 et les *Constitutions* postérieures. Selon le fameux projet de Condorcet, *Tout citoyen sera libre de choisir son domicile, soit dans l'État, soit hors de l'État,* SANS ÊTRE ASSUJETTI A AUCUNE GÊNE, *et sans perdre aucun de ses droits.* — Syeiès, qui avait dit, dans un premier projet, que *Tout citoyen est le maître de rester ou d'aller,* dit dans un autre : *Tout citoyen est le maître d'aller ou de rester, d'entrer ou de sortir du Royaume, et d'y rentrer quand et comme bon lui semble.* — Même doctrine dans Mirabeau : « Libre dans ses actions, *le citoyen peut voyager, transporter son domicile où il lui plaît, sortir même de l'enceinte de l'État* (*). »

Enfin l'Assemblée Constituante, dans le titre 1ᵉʳ de la *Constitution* de 1791 (au titre des *Droits naturels, inaliénables et sacrés*), *garantit la liberté à tout homme d'aller, de rester, de partir.* Elle jugea ce principe si juste et si important, qu'elle le proclama de rechef avant de se séparer (**). « Le décret relatif aux émigrants est révoqué, dit-elle, et conformément à la Constitution, il ne sera plus apporté *aucun obstacle* au droit de tout citoyen français de sortir du royaume à volonté. » — C'est sous la foi de cette loi que l'émigration presque tout entière s'effectua. Et le fait est si incontestable, qu'on en trouve l'aveu même dans le Rapport, non suspect (***), de la Commission chargée de l'examen du projet de restitution des biens libres des émigrés en 1814. — Il n'y a pas jusqu'à cette Assemblée, qui proscrivit si impitoyablement les émigrés, dont le *Comité de législation* ne reconnût la liberté en question. Il déclara (****), par l'organe de

---

(*) Voyez encore les *projets* de Target, article 7; de Boucher, art. 14; celui de l'Assemblée, partie *Droits du Citoyen*, etc.; celui de Carnot, en 1793, art. 3.

**) Décret, 14 septembre 91.

(***) Rédigé par M. Bédoch.

(****) Le 9 février 92.

son rapporteur, que l'*homme est libre,* qu'il *est citoyen de l'univers,* qu'il *y choisit sa patrie, que si son choix est mauvais, il peut changer; que comme elle peut le repousser, il a droit de la répudier.*

La Liberté loin de la Patrie est encore plus nécessaire, plus vitale.

Les libertés personnelles d'un Roi, maître de tant de libertés, sont bien autrement sacrées.

Et la Liberté de Patrie, on le sait, est entre toutes les libertés la plus grande.

> **La Patrie est aux lieux où l'Ame est enchaînée.**
>   VOLTAIRE.

Et quelle Patrie (*) que l'Espagne ?

L'Espagne ? c'est la *Limagne de l'Europe :*

> **O champs de la Limagne, ô fortuné séjour ! etc. (**).**

N'est-ce donc rien que d'avoir respiré en naissant l'air du Mont-Aventin, et d'avoir été nourri des fruits du Latium ?

> Usquè adeo nihil est, quod nostra infantia cœlum
> Hausit Aventini baccâ nutrita Sabini.
>   JUVEN.

Les Israélites enflaient, pour ainsi parler, de leurs larmes les fleuves de Babylone, en se souvenant de Sion. Thémistocle, banni en Perse,

---

(*) C'est là que les pères de la Scène Française, et ceux même de nos Romans, Corneille, Molière, Lesage, etc., allaient apprendre à nous ravir ; — là, que nous faisions encore *des châteaux* en 1789, en 1793 ;.... et que le Proconsul ironique de je ne sais quelle grave Assemblée, lui mandait que les ventes se feraient aux chants de :

> Nous vendrons vos châteaux jolis ;
> Vous irez bâtir, mes amis,
> Vos châteaux en Espagne.

Mme la duchesse d'Orléans, mère du Roi des Français, en *bâtit* un à Soria en effet.

(**) Page charmante d'un grand poète, émigré et fidèle, l'Abbé Delille.

oublia Magnésie, que le Roi lui avait donnée, et demanda à ses amis de porter ses os dans l'Attique, jouissant par là du plaisir d'une sorte de rappel.

.... Et dulces moriens reminiscitur Argos....

Monseigneur le duc de Berri, émigré aussi, se plaisait à répéter, attendri, dans le château de Marie Stuart, la ballade où la Princesse faisait ses adieux à la patrie commune :

> Adieu, plaisant pays de France ;
> O ma Patrie !
> La plus chérie,
> Qui a nourri ma jeune enfance, etc.

Mais écoutons, sur l'exil, les gens qui s'y connaissent, les exilés, les bannis, les fugitifs, les réfugiés les plus célèbres. Rivarol, surnommé le Français par excellence, répondit à un Anglais se moquant de son ennui : *Croyez-vous donc qu'on emporte sa Patrie sous la semelle de ses souliers?* — et, de la cour même du Prince Henri de Prusse, il n'en écrivait que mieux à un de ses amis de France : « La vraie terre promise est encore la terre où vous êtes : je la vois de loin, et le cœur me dit que je n'y rentrerai jamais. »

Le plus digne peut-être des Gardes-des-sceaux modernes, M. de Serres, s'opposant à une loi révolutionnaire de déportation en 1815, la définit énergiquement : *Une Mort Vivante.* Avant lui, Tronçon-du-Coudray, autre Émigré, l'avait nommée : *la Guillotine sèche.*

Et, depuis, un grand poète inconnu a dit encore mieux :

> Pour l'exilé plus n'est ce monde ;
> Et l'autre où son espoir se fonde
> Ne s'ouvre pas encore à lui !
> Ainsi pour sa triste paupière
> La vie a perdu sa lumière,
> Et l'éternité n'a pas lui.

« On a vu, dit madame de Staël dans sa *Révolution française*, on a vu de grands hommes, Thémistocle, Cicéron, Bolingbroke, profondément malheureux dans l'exil ; et Bolingbroke en particulier déclare dans ses écrits (il a composé en exil un *Traité de l'Exil*) que *la mort* lui paraît moins redoutable. » Et madame de Staël ajoute, pour expliquer et stigmatiser l'usage impérial de l'exil, par préférence à l'emprisonnement d'état ; « Il est plus difficile d'user d'une mesure violente que d'un genre de pouvoir qui, *terrible au fond*, a quelque chose de bénin dans la forme. »

Un homme qui passa aussi sa vie en présence ou sous le coup des révolutions essentiellement bannissantes, et qui habituellement apprécia supérieurement les lois et les crimes, les bourreaux et les victimes des révolutions, Benjamin-Constant a considéré l'exil en honnête homme et en homme d'état :

« Je ne sépare point, dans mes réflexions, *les exils d'avec les arrestations et les emprisonnements arbitraires ;* car c'est à tort que l'on considère l'exil comme une peine plus douce. Nous sommes trompés par les traditions de l'ancienne monarchie. L'exil de quelques hommes distingués nous fait illusion. Notre mémoire nous retrace M. de Choiseul environné des hommages d'amis généreux, et l'exil nous semble une pompe triomphale ; mais descendons dans des rangs plus obscurs, et transportons-nous à d'autres époques. Nous verrons, dans ces rangs obscurs, l'exil arrachant le père à ses enfants, et l'époux à sa femme, le commerçant à ses entreprises, forçant les parents à interrompre l'éducation de leur famille ou à la confier à des mains mercenaires, séparant les amis de leurs amis, troublant le vieillard dans ses habitudes, l'homme industrieux dans ses spéculations, le talent dans ses travaux. Nous verrons l'exil uni à la pauvreté, le dénument poursuivant la victime sur une terre inconnue, les premiers besoins difficiles à satisfaire, les moindres jouissances impossibles. Nous verrons l'exil uni à la défaveur, entourant ceux qu'il frappe de soupçons et de défiances, les précipitant dans une atmosphère de proscription, les livrant tour-à-tour à la froideur du premier étranger, à *l'insolence du dernier agent.* Nous verrons l'exil glaçant les affections dans leur source, la fatigue enlevant à l'exilé l'ami qui le suivait, l'oubli lui disputant les autres amis dont le souvenir représentait à ses yeux sa patrie absente, l'égoïsme adoptant les accusations pour apologie de l'indifférence, et le proscrit délaissé s'efforçant en vain de retenir, au fond de son ame solitaire, quelque imparfait vestige de sa vie passée. Et *le pouvoir d'infliger un tel supplice*, sans examen judiciaire, *sans preuves publiques*, sans jugement légal, serait confié à l'autorité, c'est-à-dire aux agents innombrables assez adroits pour surprendre ses arrêts ! Et l'on assimilerait le droit d'exil à celui de grâce, *l'affreux privilége de faire le mal* à l'auguste prérogative de faire le bien ! Parce que le roi peut être le sauveur d'un criminel excusable, on en ferait le fléau de l'innocent ! Le *visage du roi*, dit un publiciste anglais, *doit porter dans l'ame de tous ses sujets la sécurité et la joie.* Et ce serait au nom du roi qu'on lancerait sur les citoyens des rigueurs illégales, et par conséquent injustes ! *Toutes* les constitutions de la terre, écrites ou non écrites, *ont voulu que le monarque fût plus clément que la loi,* pour faire d'autant plus chérir sa puissance. Et l'on rendrait cette puissance un instrument de désolation, d'arbitraire et de terreur ! »

Toutes les autres libertés sont bien chères, bien vitales (*), la *Liberté individuelle,* personnelle, la liberté du corps (si énergiquement nommée d'*Habeas corpus,* dans les lois de la fière Angleterre), la *Liberté* en un mot, auquel rien ne peut ajouter, l'est bien autrement encore. La prison, et surtout celle d'*État,* même de 24 heures, est une *Question prolongée;* ce sont des murailles où l'on fait l'essai de tous les supplices, sans excepter le dernier : car on en a à tout moment la crainte. Elle est menaçante pour tous, aux temps où nous sommes, car nous sommes toujours, quoiqu'on en dise, à la veille ou au lendemain d'une révolution. Les Romains (**), esclaves par leur nature de conquérants et de payens, et qui sentaient moins que nous mille fois la dignité et le hon-

----

(*) Il faut toujours remonter aux origines pour voir clair à tout, et surtout pour voir clair à l'humanité :

La Liberté de l'homme s'identifie, dans le principe, avec sa création ; et Varron, appelé par Cicéron lui-même « le plus savant des vieux Romains », Varron, cité en cela par saint Augustin, le plus savant des Romains nouveaux, fait créer l'homme par deux Dieux mâle et femelle, du nom même de la Liberté : *Liber* et *Libera.*

(**) Les Grecs ne concevaient nul bien, nul désir même possible, pour un Roi encore mieux que pour un homme, sans la Liberté : *Sine libertate nihil bonum est, nil expetendum hominibus.* (PLUTARQ. *In Agesil.*).

Et César, qui voyait cela surtout dans les Gaules, à la veille de devenir la *France* et la *Liberté* par excellence, César le dit énergiquement : *Omnes homines naturâ libertati student.* Liv. III, *de Bello Gallico.*

heur de la Liberté *des Enfants du Dieu* vrai, unique, en comparaient la perte à la mort ; et c'était la principale de leurs *Règles de Droit* : *Libertas omnibus rebus favorabilior*. — Servitutem *mortalitati* comparamus... « Quand la porte d'un cachot crie sur ses gonds, » disait Servan pour le simple M. de Vocance, « toute la Société devrait être au guet pour « l'entendre. » — Et dans son *Apologie* destructive *de la Bastille*, avant sa démolition le 14 *Juillet de la Liberté* : « Une Bastille (que di- « rait-il des 14?) est un lieu où toute personne, quel que soit son rang, « peut entrer sans savoir *pourquoi*, rester sans savoir *combien*, en « attendant d'en sortir sans savoir *comment*. »

Il faut à l'Homme, au Citoyen, comme au Roi, comme au Gouvernement, hors le cas rare et exceptionnel de la volonté présumée, et presque démontrée (*), de faire un mal irréparable, il lui faut la *Liberté* de faire le mal réparable, comme condition, *sine quâ non*, de faire le bien....

Mais il est un pays, dans la Chrétienté, dont l'histoire et la renommée offrent ici toute une démonstration du devoir et du droit d'Hospitalité, du droit de Liberté individuelle, du droit de Patrie, du devoir et de la vertu de Générosité nationale et inter-nationale ; et ce pays, c'est le nôtre.

La *France*, et jusqu'à son nom, est ici témoin. C'est, en effet, le

---

(*) C'est ainsi que j'ai parfaitement conçu le ministère anglais, lorsqu'à la vue d'O'Connel.....

　　　　L'Esclave de la foule, et qui s'en croit le *Roi*,

la parole presque armée à la bouche, et le corps armé, plus qu'armé, de masses comme insurgées, et en coïncidence exacte, préméditée peut-être, avec la Royale présence et presque la *Cour des* Vieilles *Tuileries*, de l'Enfant que sa seule naissance a fait surnommer l'*Enfant de l'Europe*, et dont O'Connel se disait le *Brigadier*, — il lui a dit, légalement, et même loyalement : *Usque hùc venies !*

La *Couronne* de Guillaume, *tombée en quenouille*, pouvait voir là.... jusqu'à deux Stuarts ressuscités.

Je concevrais même que l'Angleterre, dans ses terreurs paniques, eût suspendu alors son grand et constitutionnel sauveur : l'*Habeas Corpus* !

　　　　　　　　　　　　　　　　　　5

pays, c'est la terre classique des *Franchises* et des libertés , et surtout, apparemment, de la liberté naturelle, de la liberté native, humaine : la *liberté de l'air*, comme dit la langue proverbiale des sociétés.

L'Hospitalité libre, la générosité, c'est le *Droit des Gens* français.

Et elle lui vient de loin et de haut : des Bourguignons, plus encore ses pères que les *Francs*. « L'Hospitalité était tellement en honneur chez les *Bourguignons*, dit leur savant et franc *Historien* moderne, le baron Chapuys de Montlaville, que la loi prononce des peines, non-seulement contre celui qui l'aurait refusée, mais même contre celui qui aurait indiqué la maison de son voisin au lieu d'offrir la sienne. Que cette vertu, qui était la première chez les Bourguignons, est belle et touchante ! Elle a quelque chose de patriarchal qui nous émeut. Et c'est peut-être à cet usage divin que nous devons le caractère affable qui distingue encore les descendants de ces anciens hospitaliers de France. Dignes enfants de nos pères, nous recueillons le voyageur avec joie, et nous lui donnerons place à la table de famille. »

Par des coïncidences et des coëfficiens providentiels (*), la ville inhospitalière du siècle, Bourges, était l'une des villes du royaume de ce Gondebaud qui eut la gloire de rédiger le premier *Code* complet *des lois* chrétiennes et Hospitalières, et d'élever à la Cour de Bourgogne et de donner

---

(*) L'un des plus grands Évêques de France, saint Sulpice de Bourges, digne de se trouver le Patron de la plus grande Paroisse et même de toute l'Église de Paris, avait précisément le *don* d'hospitalité et d'amour des Prisonniers :

> Intrat, et carceres nec horror prohibet
> Vinctis succurrere.
> ....
> Gaudet sacraria supremo Numini,
> Ægris hospitia.............................
> ....
> Castris dùm jungitur fit Pater militum,
> Quâ fide nititur, fulcit exercitum,
> *Et Regem allevat.*

la première sainte de France, Clotilde, au premier grand Roi de France, Clovis, le fondateur de l'immortelle *Loi Salique*, dont les Charles d'Espagne sont en ce moment les gardiens et les martyrs !

La loi de l'Hospitalité envers les grands, comme envers les petits, est l'un des premiers et des plus beaux *Capitulaires* de Charlemagne : *Præcipimus in omni regno nostro, neque Dives, neque Pauper peregrinis Hospitia denegare audeant.*

La Belgique, qui ne fut et ne sera jamais que la plus belle partie de la France et de la Bourgogne, se montra aussi toujours Hospitalière comme elles :....

Son plus grand Prince, le *Philippe* par excellence, et que l'histoire et la postérité ont surnommé *le bon*, fut précisément l'Hôte par excellence des Rois : — En 1426, d'Henri VI et de Marguerite d'Anjou, sa femme, persécutés par la maison d'Yorck ; — Puis, d'Henri VII, d'Angleterre ; — En 1448, de Jacques de Portugal ; — En 1456, du Dauphin, fils de Charles VII, qui fut depuis Louis XI. — M. le Mayeur en fait une des *Gloires Belgiques* :

« En 1456, Philippe-le-Bon donna asile, en Brabant, au Dauphin, fils de Charles VII, dauphin, qui devint ensuite Roi sous le nom de Louis XI. Philippe lui assigna pour demeure le château de Genappe, et l'y entretint royalement pendant six ans. Il lui faisait compter par mois 1500 lis d'or. Il assista en ce lieu à la cérémonie de ses noces avec Charlotte de Savoie, et fut parrain de son fils aîné nommé Joachim. C'est cet enfant dont on voit la sépulture et l'effigie en pierre dans une niche pratiquée dans le mur de droite d'une chapelle latérale, au côté gauche de l'église de Notre-Dame de Halle. Un petit tableau couvre actuellement cette effigie. En le soulevant, on la découvre, et on lit au-dessus l'inscription suivante :

> **Hîc jacet Joachimus,**
> **Galliæ Delphinus,**
> **Ludovici XI filius, qui**
> **Obiit circà annum**
> **MCCCCLX.**

« Les Nivellois aiment à se rappeler que pendant le séjour du même dauphin à Genappe, son épouse mit au monde à Nivelles une princesse, qui y fut baptisée dans l'église de St-Maurice, sous le nom d'Anne, en 1459.

Elle fut la sœur de Jeanne de France, laquelle naquit après le retour de
son père en ce royaume, et fut institutrice de l'Ordre de l'Annonciade,
dont un couvent fut établi à Nivelles, précisément dans l'endroit où la
princesse Anne avait reçu le jour et le baptême. »

Charles, surnommé le *Hardi*, fils de Philippe-le-*Bon*, continua le caractère pie de son père : « Il reçut Édouard IV d'Angleterre et les ducs de Cla-
rence et de Glocester ses frères, dont le dernier fut roi sous le nom de Richard III, ainsi que les divers princes de la branche royale de Lancastre,
fugitifs de la révolution d'Angleterre de leur siècle. Le roi et la troupe
étaient débarqués dépourvus de tout » ; dit l'*Historien* des Pays-Bas,
Nény.

« Dès 1352, Jean III, duc de Brabant, avait donné asile, au château
d'Argenteau et puis à Louvain, à Robert d'Artois, beau-frère de Philippe
de Valois. Celui-ci le redemanda à Jean, qui ne voulut pas trahir l'hospitalité. Attaqué dans ses états par une puissante confédération, il résista
avec intrépidité. Le roi de France admira son courage et traita avec
lui. »

En 1525, Christiern de Suède et sa femme, Isabelle d'Autriche,
sœur de Charles-Quint, détrônés par Gustave Vasa, furent reçus
magnifiquement en Belgique ; et la Reine, devenue veuve, vécut ensuite
dans un palais près de Gand.

L'infante Isabelle qui avait donné à Bruxelles, en 1609, un asile royal
aux Condés fugitifs des passions d'Henri IV, accueillit en 1651 Marie
de Médicis et Monsieur, frère de Louis XIII.

Le chevalier Temple lui-même fait aux Provinces-unies « un éternel
honneur d'avoir protégé des populations entières persécutées en Allemagne et en France sous Henri II, en Angleterre sous les reines Élisa-
beth et Marie ». Les villes de Louvain et de Douai en particulier devinrent l'asile des savants. « On compte, parmi ceux-ci, Guillaume Allen, qui
fut Cardinal ; Thomas Stapleton, les docteurs Thomas Harding, Jean
Rastal, Thomas Baily, Laurent Webb, Richard Bristow ; Christophe
Cusack, supérieur des collèges irlandais en Flandre ; Patrice Fleming,
son neveu, professeur de théologie à Rome et à Louvain ; Thomas Ho-
ward, duc de Norfolck, qui, l'an 1658, fonda à Bornhem un couvent
de Dominicains anglais, Ordre qu'il avait embrassé (il devint cardinal) ;

Richard Hal, professeur à Douai ; Ludovic Ouen, aussi professeur ; Jean Sanderson, chanoine de Cambrai ; Guillaume Poynter, vicaire apostolique de Londres. Allen fonda à Douai le *Séminaire des Catholiques anglais*. Ils allaient y étudier la théologie, y recevoir les ordres, puis revenaient en Angleterre comme missionnaires. »

En France même, comme on poussa toujours la liberté jusqu'à la licence, et comme on l'entendait, comme on la pratiquait ainsi pour soi, on l'accorda telle en général aux autres, et jusqu'à ses ennemis : et voilà pourquoi la France accueillit, appela, traita quelquefois en rois, les plus simples réfugiés célèbres.

Elle ne pouvait manquer aux Rois proprement dits.

L'histoire et la politique européennes, Bacon, Grotius, Leibnitz, la nomment : « la Patrone des Princes et des Pontifes malheureux. »

Quelquefois la France donna chez elle jusqu'à des *Etats* (*Avignon*), à l'un de ces réfugiés illustres ; et lorsque la révolution assemblée lui livra Pie VI, et la *révolution faite homme* Pie VII, ne pouvant ouvrir au premier ses *hôtels*, à Briançon, à Gap, à Vizille, à Grenoble, et enfin à Valence où il allait mourir (c'était le 14 juillet), elle semait de fleurs ses passages, comme elle eût fait, la veille de sa Passion, aux *Rameaux* de son Prédécesseur.

La France avait le droit de conserver quelque chose d'une tête aussi chère, d'un tombeau aussi sacré ; et l'Eglise de Rome, représentée *ad hoc* par le cardinal Spina, ne se réserva que le Corps de l'illustre Martyr, et confia le Cœur à l'église de Valence, avec cette romaine inscription, qui ajou_ tait à la reconnaissance d'une hospitalité héréditaire :

> Sancta Pii Sexti redeunt præcordia Gallis ;
> Roma tenet corpus, nomen ubique sonat.

La France du grand siècle (*) s'éleva jusqu'à la gloire de s'ériger en trône des rois de ce caractère.

Voyez, dans Madame de Sévigné seulement, Française d'âme et de

---

(*) Charles-le-Bel accueillit et reçut en 1324, dans sa Cour, une reine d'Angleterre, toute suspecte qu'elle était ; — Henri III, les Bragance, fugitifs de Philippe II en 1580 ; — Louis XIII, Charles Louis du Palatinat,... son Ennemi.

belles-lettres, s'il en fut jamais, Louis XIV et toute sa Cour (*) au devant,
à la suite, et jusqu'aux pieds d'un Roi et d'un Dauphin d'Angleterre, qui,
certes, ne valaient pas, pour l'Europe et surtout pour la France, encore
moins pour les maisons de Bourbon et d'Orléans, Charles d'Espagne et
le Prince des Asturies.

La France du xix⁰ siècle elle-même, si dégénérée d'ailleurs, semble
avoir grandi à ce touchant égard : on dirait qu'elle veuille effacer ses
24 Janvier du xviii⁰ siècle, ses *20 mars* du xix⁰ (le *15 février* est, sans
doute, le crime isolé d'une sorte de *Louve*), par une suite d'assujettissements
à toutes les sortes de royautés, et même aux infortunées qu'elle a faites
ou laissé faire. — Voyez-la placer à sa vue, et non *à vue*, le plus aimé
de ses tyrans, en 1815! — Voyez-la, par ses Barrot, sauvant et les aînés,
et surtout les cadets, de sa branche aînée! — par ses Lafayette, sauvant
leurs ministres de la populace en colère; — par son roi de la branche
cadette, n'ôter la liberté à la Mère hardie et royale du duc de Bordeaux, que pour se donner enfin l'honneur de la lui rendre!

Voyez-la appeler, désirer, tout ce qui reste de ses Bonapartes, et ne
placer à Ham que comme dans une *Salle d'asile*, un de leurs *enfants gâtés* !

Voyez la France même accueillir, par son roi nouveau, une reine
plus digne d'égards et de générosité que d'estime et d'amour !

Voyez-la surtout accueillir, par lui, les Princes dont cette reine al-
tière a conspiré et consommé la ruine !

Voyez-la, dans ses Jurys, dans ses tribunaux criminels, dans ses par-
quets eux-mêmes, souffrir, appliquer des *minimum* de peines, et souvent
absoudre toutes les sortes de coupables d'État et même civils !

Voyez-la souffrir, et souvent appeler à elle, et flatter, les plus libres
de ses républicains !

Voyez-la souriant, généreuse, reconnaissante, à la fidélité, au dévouement, au courage, à la bonté de son prince de Polignac (la dernière
lettre de cachet n'est pas française, et ne tirera point à conséquence), de ses

---

(*) On eût dit que c'était pour expier le malheur de n'avoir pas su conserver en
1655 Charles II et ses frères, les Ducs d'Yorck et de Glocester, auxquels la Cour
des Pays-Bas ouvrit ses portes et ses trésors.

Peyronnet, de ses Montbel, qu'elle semblait vouloir un jour dévorer....

Voyez-la même concourir, autant qu'il est en elle, à la cour européenne de son Henri en Angleterre, à ses portes, ne sachant pas si, un jour, et pour cause, elle ne les lui ouvrira point *à quatre battants*, par ses Barrot, par ses d'Orléans (anagramme de l'*âge*, ou de : *les ans d'Or*)!

Voyez, en ces jours-là même, les plus décidés de ses procureurs-généraux, Hébert et Nouguier, sembler ne lire la *France* franche que pour voir possible, comme elle, la rentrée de ce prince dans Paris, avec la même facilité et les mêmes triomphes qu'à cent ans juste de là, celle de Louis-le-Grand, son aïeul, *Donné de Dieu* comme lui;... et ne sembler, non plus, incriminer, que pour faire proclamer l'innocence des coupables et la générosité du Pays !

(Les Jurés qui ont voulu depuis emprisonner la *France*, ne sont pas *français*).

Et voyez le Pays, et, ce qui est mieux, le Journalisme tout entier, sans excepter le plus habile, celui de M. Thiers, le *Constitutionnel* enfin, rediré et célébrer ces belles et *franches-bourguignonnes* paroles de Lamartine au *Bien public* :

« L'infortune est l'attrait des cœurs généreux. On le voit à leur dévouement, et personne ne s'en irrite. — *On serait plutôt tenté d'en être fier pour son pays.* On est certain que les conspirations ne s'affichent pas ainsi. On est convaincu unanimement que ces hommes de foi monarchique tiennent à leur patrie encore plus saintement qu'à leur dogme. On ne doute pas qu'ils ne donnent au jeune prince des conseils de sagesse, de résignation et de déférence à sa destinée pour premier gage de leur attachement. Le pays, le gouvernement (M. Guizot leur est *étranger*) voient tout cela sans colère et même sans étonnement : *Quel Progrès !* »

Voyez l'Allemagne, et la Suède elle-même, et nos *Bernadotte, ex-*usurpateurs, laisser la liberté à l'*ex*-roi légitime, le prince Gustave!...

Voyez l'Italie, voyez l'Autriche, je ne dirai point accueillir et traiter en rois, non seulement les rois qui s'oublient (Don Miguel), mais les rois qui ne s'oublient point (la Branche Aînée de la Maison de Bourbon) !

Voyez l'Angleterre, sinon cordiale, au moins politique, à accueillir (la

France eût accueilli aussi) Charles X en 1850, Henri de France en 1844 (*) ;
— le duc de Brunswick , le président Boyer, Espartero lui-même, dont l'Espagne ne voulait pas.

En 1789, en 1790, en 1795 surtout, c'était à qui, dans toute l'Europe,
et surtout en Espagne, accueillerait les Princes de France, sans excepter
ceux qui avaient fait le plus de mal à la France.

Paul I" offrit, d'abord le Palais Royal de Saint-Petersbourg, à Louis XVIII,
qui lui préféra l'humble asile de Mittau... Et, comme pour vaincre en
générosité le Roi de France, l'Empereur fit graver en lettres d'or, sur
le Palais si royalement offert, et si royalement décliné : *Hôtel à Condé*,
tout plein de serviteurs en livrée de Chantilly, et l'ouvrit au premier Serviteur fidèle du Roi détrôné.

L'Europe enfin, et surtout la France, sont arrivées, grâce à leur civi-
lisation, à croire au magnifique mot de l'*Organisateur de la Victoire* (Carnot) dans son *Mémoire au Roi* vaincu , et à le réaliser : « Dans les discordes
civiles, il n'est point de coupables, mais seulement des vainqueurs et des
vaincus » ; — à croire au mot, plus magnifique encore, d'un Roi de France,

---

(*) Lorsque l'Angleterre parut un moment se montrer en défaut à l'égard de Henri
de France, bien autrement innocent de 1830 que son aïeul, puisqu'il était *né* à peine,
il ne fallait rien moins que l'organe spécial du ministre des Affaires *Étrangères*,
M. Guizot, pour dire le lendemain :

« Il est évident qu'il *a dû en coûter* au ministère anglais (encore plus, au *ministère
français*) de prendre une mesure pareille, qui n'est ni dans ses mœurs, ni dans ses
précédents. On ne peut refuser au peuple anglais des habitudes hospitalières ; les lé-
gitimistes savent cela mieux que personne. *Londres dispute presque à Rome* le privilége de servir de refuge aux grandeurs déchues. »

M. Guizot feignait d'ignorer le *fait* historique de l'inhospitalité des lois et des gou-
vernements de l'Angleterre, que Benjamin Constant, son maître, avait traité *ex professo*, après Sir Samuel Romilly, dans l'*Éloge* de celui-ci, dont nous ne citerons que
les premières lignes : « Dans *aucun* pays du monde, il n'existe sur les Étrangers des
réglements aussi rigoureux que l'*Alien-Bill* et le *Bill d'attainder*. Je dois ajouter qu'il
est *impossible* d'exécuter des lois sévères avec plus de sévérité. »

Les Anglais n'accueillent guère les rois fugitifs, comme autrefois les Romains de
Tibère, au rapport de Tacite, qu'en façon de *Projectiles* contre leurs ennemis : *Ut
haberent et Reges instrumenta servitutis.*

Mais enfin ils les accueillent.

qui en dit, et qui en pratiqua plus d'un autre de ce genre : « Nous avons
« été coupables TOUS et personne ne l'a été. »

Jamais plus de libertés ne se virent dans le pays des libertés , et jusque
dans ceux de la servitude , au Nord (*). — Nos prisons , pour plusieurs
grands seigneurs, ne se distinguent pas de leurs hôtels... Se pourrait-il
qu'il fût dans nos mœurs, et surtout dans notre politique et dans nos lois,
que des princes d'Espagne ou plutôt de France , seuls en ce moment en
France et en Europe, soient privés de la plus simple liberté ? Et comme
aux plus effroyables jours de la Convention, que la majorité même de la
Convention libre désavoua, des Rois incarcérés , des *Rois morts*, ne se-
raient-ils pas des citoyens ou des *hommes de moins ?*

Et pourtant, nous savons assez, nous avons assez vu, dans le cours du
Manifeste, quels hommes, quels princes, quels rois même ce seraient,
que les plus vertueux Bourbons de nos maisons d'Espagne et de France !

Voilà quelque chose de la pétition personnelle et humaine ; — en voici
autant de la pétition Royale , politique et sociale.

Et d'abord dans ses rapports avec l'Espagne :

Si Charles V était répréhensible pour avoir mis le pied sur le sol mou-
vant d'une patrie que son aïeul Philippe V de France paya du prix de la
France de Louis XIV, il faudrait dire que la *majorité numérique* des Espagnes serait criminelle avant lui , et plus que lui : car voyez comme
leurs masses se levaient *seul homme*, et à tout prix , dès avant son arrivée !

(*) L'Empereur Nicolas recule devant sa *Saint Barthélemi* de Juifs. Les Turcs
eux-mêmes accomplissent, je ne dirai pas l'Hospitalité, mais l'accueil des Rois;
et l'on vit l'empereur Achmét III traiter en Roi Charles XII fugitif à Constantinople. — Comme Bonaparte, à un siècle juste de là, devait recevoir aux Tuileries,
un autre Achmet, chassé du trône d'Egypte,... souillé depuis près de 2,000 ans par le
crime de Ptolémée, qui fit massacrer le grand Pompée lui demandant asile !....

Le soi-disant *roi* Christophe donna des *Champs d'Asile* royal, jusqu'aux Régicides
du Roi Martyr de nos libertés.

Plus généreuse que tous les Rois et toutes les Assemblées, la Convention décréta
dans sa Constitution , que « le Peuple français donne asile aux Etrangers bannis de
leur Patrie. »

4

C'étaient les *Charles* les *désirés*, autant qu'étaient *les craints* les Espartero, les Narvaèz, et même Christine.

Zumala-Carreguy entre autres, dont l'habileté, les victoires et le nom seul dispensaient des victoires, avait précédé Charles V sur les champs de bataille de la légitimité.

La Navarre qui n'avait pas cessé d'être royaliste, l'Aragon, c'est-à-dire la moitié de l'Espagne, s'insurgeaient *in petto* à la seule présence d'un héros français, le comte de Villemur. C'est alors que le Président de la Junte de Navarre écrivait douloureusement : « Je payerais des années qui me restent « à vivre, le bonheur de voir notre maître ici ; mais à moins d'un miracle, je « ne le verrai pas. »

Le *miracle* si souhaité survint ; Charles V arriva en Navarre le 10 juillet 1834. Voici comment le comte de Villemur apprit cette nouvelle à son *alter Ego* :

« Elizondo, le 11 juillet 1834.

« Mon cher ami, nos vœux sont accomplis : S. M. C. est au milieu de « ses braves et fidèles sujets !

« Hier, à dix heures du matin, on vint me dire de sortir de la ville. « A peine à six pas de ma maison, je vis quatre personnes à cheval ; « l'une d'elles me fit signe de ne pas avoir l'air de la reconnaître. Je re- « garde attentivement ; je vois le Roi !!! Mon émotion, causée par la joie, « fut si forte, que je faillis trahir le secret que Charles V, par un regard, « m'avait ordonné de garder. Le Roi suivit son chemin, et alla descendre « chez moi. Il n'a encore avec lui qu'un secrétaire ; je suis donc son « gentilhomme et son capitaine des gardes.

« Le Roi se propose d'aller au-devant de Rodil.

« Comme on ne trouve pas ici de papier à écrire, j'ai partagé ma pro- « vision avec S. M., qui en fait bon usage ; car, depuis son arrivée à Eli- « zondo, elle ne cesse d'écrire à sa famille et *à ses nombreux amis.* »

Un tel homme méritait, et il obtint, le Ministère de la guerre.

La Pétition pour Charles d'Espagne, dans ses rapports avec la France ?

Charles, comme homme, a-t-il jamais fait un mal quelconque à la France ?...

Charles d'Espagne, en tant que roi et général (on nous accordera bien que si sa Royauté n'est pas Légitime et même *constitutionnelle*, elle est au moins *probable*, et, si l'on veut, douteuse), au défaut de tous les autres titres qu'il a tous à la justice, et, s'il le faut, à la générosité de la France, en aurait et au plus haut degré un seul suffisant :

La foi qu'il a eue en la France, l'hommage qu'il lui a rendu (*) en la proclamant son Italie, plutôt que tout autre pays : *Italiam ! Italiam !*

Il en est encore un autre, supérieur, s'il est possible :

Son majestueux et royal *silence* DEPUIS PRÈS DE SEPT ANNÉES, et LES PLUS BELLES DE SA VIE, qu'il est comme enseveli dans le linceul de la plus triste ville du royaume de ses aïeux ; — dans le plus pauvre hôtel (*Panette*) de la petite et pauvre ville ; — entre l'insolent *Hôtel* d'une *préfecture* despotique et la maison bourgeoise d'un Premier Président.... calviniste ; — avec le simple *pain quotidien*.

L'*Hôtel Panette* de Bourges, c'est le *Mont-St-Michel des Rois*. ....

Lorsque l'héritier, plus ou moins légitime, de la fortune et du trône de leur famille possède une fortune soi-disant *patrimoniale* la plus monstrueuse du monde (Plus de 50 millions de rente. Le *Commerce*, le ministre des finances des journaux, l'a prouvé), et presque tout *au soleil !*

On a dit, et c'est l'un des plus beaux mots de la Chaire chrétienne et française du xviiie siècle, que le *Silence des Peuples était la leçon des Rois*.

J'en sache un plus beau, car il est plus vrai :

(*) Ne pas accueillir, refouler en Espagne même, pour y être massacré peut-être, Don Carlos, c'était moins inhumain, dans un sens, que l'accueillir et ensuite le traiter en ennemi :

> *Turpiùs ejicitur, quàm non admittitur Hospes,*

dit Ovide, exilé lui aussi, accueilli et traité de la même façon.

Le silence des rois légitimes est la leçon des peuples.

Les Charles d'Espagne semblent avoir pris pour *devise* le beau vers d'un ami de roi légitime contre *Athalie*, reine usurpatrice :

> Je crains Dieu, cher Abner, et n'ai point d'autre crainte.

Et pour règle d'espérance, le royal verset du Roi Prophète : Il est meilleur de se fier à Dieu qu'à l'homme, et d'espérer en Dieu que dans les Princes : *Bonum est confidere in Domino, quàm confidere in homine; sperare in Domino, quàm sperare in principibus.* Ps. 117. — Et pour règle de grandeur d'âme, la magnifique Loi 25 au Code *de Nuptiis: Deum imitatur qui ignoscit.*

En somme, et dans *le siècle* et dans le pays qui se disent *des lumières* et de la philosophie, plus que dans tous les autres, un Roi même..... répréhensible (et ici nous avons un Enfant, un jeune Prince et ses deux jeunes frères qui étaient à peine *nés* pour l'être), à moins de sa défaite et de sa prise sur le champ de bataille, ne saurait jamais avoir de prison que dans sa Patrie; car nul n'aime sa Patrie comme un Roi : *Cunctas sibi curas amore Patriæ leviores.* Tacit. *ann.* 5.

François 1er, un moment à sa place à Madrid (*), où Charles-Quint le

---

(*) C'est en conséquence de la munificence née de Rois à Rois, que les Valois préféraient envoyer les leurs à Madrid, plutôt que de simples capitaines. Ecoutez le président Hénault :

« Marguerite, duchesse d'Alençon, *sœur de François I, s'était transportée à Madrid pour y travailler à la délivrance de son frère; mais elle en repartit sans avoir rien obtenu.*

« L'année suivante, le roi rentre en France et donne pour otage ses deux enfants. Madame d'Angoulême fit un coup très-habile dans cette occasion: Charles-Quint avait demandé pour *otages les deux enfants de France,* ou un nombre de nos plus grands capitaines : la régente n'hésita pas, et elle aima mieux envoyer les deux princes, que de priver la France de toute sa ressource. »

Les *otages,* lieutenants des généraux, des princes prisonniers de guerre, ne reçurent le nom d'*hôtes,* que parce qu'ils étaient traités avec hospitalité ; — Et les simples *prisonniers* de guerre, depuis le christianisme, furent partout traités à l'égal des soldats indigènes allant et venant dans leur patrie.

traita en Roi; le roi Jean lui-même, à Londres, où le Prince de Galles le traitait de la même façon, furent dans l'exception ; — Marie Stuart et Charles Ier à la Tour de Londres, Louis XVI au Temple de Paris, Madame la duchesse de Berri elle-même à Blaye, le prince de Polignac à Ham, *Isabelle* d'Angleterre elle-même, et son infâme Mortemer, régicides autant qu'il fut en eux (*) dans la *Blaye* d'Angleterre, furent dans *la règle*.

C'est assez sans doute pour un Roi, d'être, par la force de la royauté, d'être en tant que Roi, le plus grand esclave de son royaume, et de se trouver, ainsi que le dit à Constantin un Père de l'Eglise, *Crucifié au trône, comme Dieu à la Croix.*

Redouterait-on pour l'Espagne (car on n'a guère à redouter pour la France) la liberté laissée aux princes de Bourges de s'en aller, comme autrefois Annibal, de par le monde, chercher des ennemis au peuple espagnol ? *Profugus ex Africâ, hostem Populo Romano toto Orbe quærebat.* FLORUS.

(*) Le président Hénault, qui le remarque, ajoute une réflexion pleine de moralité et d'ordre du jour en 1844 :

« Le royaume se révolta en faveur de cette princesse, Spencer fut pendu, et l'on emprisonna le roi, qui se vit forcé à consentir à sa déposition. C'est le premier exemple d'un roi d'Angleterre déposé par l'autorité du Parlement. Cependant Edouard fut couronné, et son père mourut dans sa prison, d'un fer chaud que des scélérats lui firent entrer dans le fondement. *Le Ciel vengea bien sur Isabelle les outrages qu'éprouva ce malheureux prince. Mortemer, qui voulait gouverner sous le nom d'Isabelle, fut exécuté en 1329, et Isabelle fut confinée en 1331 dans un château où elle mourut en 1358, après une prison de vingt-huit ans.*

« Tandis que le Ciel préparait à l'Angleterre, dans Edouard III, un des plus longs et des plus mémorables règnes qu'elle ait eus, *la France vit périr le dernier héritier de Philippe-le-Bel. Ce roi avait laissé en mourant trois princes, qui lui faisaient espérer une nombreuse postérité ; tous trois disparurent en moins de quatorze ans, et la couronne passa à leur cousin germain.* »

Et après un mois à peine de l'intronisation de la petite Isabelle Espagnole, ne se trouvait-il pas déjà un Mortemer *au petit pied*, qui *voulait*, lui aussi, *gouverner sous son nom*, et qui *osa* mettre les *verroux à ses portes*, la *saisir par sa robe*, lui *prendre la main*, et l'*obliger à signer* son pouvoir Constituant?.... »

Comme si cela ne se pouvait pas encore mieux, directement ou indirectement, de Bourges, que de tout autre lieu !

Serait-ce la liberté de rentrer en Espagne à main armée qu'on redouterait ? Les vertus, et si on le veut, les coups d'état d'un homme ou d'un souverain donné, ne se *répètent* jamais ; *manqués* surtout, ils demeurent dans le domaine des faits accomplis ridicules.

Et d'abord, il faut le dire, le droit de guerre, surtout aujourd'hui, est mille fois moins à craindre que la faculté de commettre un crime isolé ; il est même utile et social : car il prévient, il légalise, il glorifie les passions, et jusqu'aux vengeances privées, en les transformant en obéissances et même en commandements militaires.

Mais si un État quelconque, le plus mince, la Savoie, la Suisse, l'Étrurie, a la liberté de faire une guerre folle à l'Espagne tout entière, comment Charles V n'aurait-il pas celle d'en faire une raisonnable à une fraction de l'Espagne (l'Anglaise, par exemple)?

C'est la plus grande injure qu'il soit possible de faire à l'Espagne :

Ses plus grands ennemis ne sont pas à ses portes.

L'infante *Carlotta*, unie aux *Ayacuchos*, n'était-elle donc pas aussi odieuse et plus à craindre que les Princes de Bourges? et a-t-on songé à lui ôter sa patrie et sa liberté ?

... Hier le simple, *Olozaga* ; ... aujourd'hui *Bravo*... ; *Roçali*... ou *Bonet*... et demain......

Le premier enfant venu de la rue suffit, avec un coup d'état ou de fusil, pour mettre le feu aux quatre coins de l'Espagne, pour perdre enfin son pays, bien autrement que la jeune Isabelle sur le trône pour le sauver.

Le plus mauvais sujet en France, Louvel, Fieschi, et *tutti quanti*, n'est que le plus capable de compromettre la patrie ; à l'autre mesure, ce serait le plus vertueux !!!

La reine Christine aurait la liberté de mettre Munoz à la place sacrée d'un Roi d'Espagne...

Et celui-ci n'a pas eu le droit de tester, et même de mourir...!!

Tous les Régicides seraient possibles, et pas les *Pères du Peuple*!!!

Si on avait le droit (et on dit le devoir !) de retenir en prison, entouré de police, de gendarmes, de quartiers de cavalerie, le vertueux et magnanime Charles V, on aurait aussi celui de *lier les pieds et les mains du premier citoyen venu.*

Comme c'est la *liberté* de la volonté, laquelle ne se conçoit pas sans celle du corps, qui fait, seule, le mérite d'une volonté et l'utilité d'un acte, Dieu lui même, et nos *codes* les plus étroits, les plus *sabrés*, comme les appelait Bonaparte, ont voulu que l'homme, avant tout, fût libre..... C'est au plus élevé de ce sens que saint Augustin permettait TOUT, à la seule condition d'aimer Dieu : *Ama Deum, et fac quod vis !*

C'est naguère *le défaut de liberté* de la majorité de l'Espagne, et l'abus, *l'excès de liberté* et le despotisme, qui, seuls, ont fait chasser le Roi que cherchent les Espagnes ; comme c'est aujourd'hui le défaut de liberté de ses Princes Légitimes qui, seul, suscite et irrite, là, toutes les sortes de révolutions...

Et, par conséquent, toutes les sortes d'avilissements...

> La honte suit toujours le parti des rebelles ;
> Leurs grandes actions sont les plus criminelles,
> Ils signalent leur crime en signalant leurs bras ;
> Et la gloire n'est point où les rois ne sont pas.
>   CRÉON..... A ANTIGONE !

Et qui ne sait, qui ne voit d'ailleurs, par les choses et les gens qui courent, qu'entre tous les hommes d'un pays en révolution, le prétendant le plus légitime n'est que le moins susceptible de s'y faire jour, et celui, s'il était méchant, qui aurait le moins de chances pour le compromettre.

Don Carlos, libre en ce moment, et se présentant seul et désarmé aux Pyrénées, de deux choses l'une, ou entrerait en fou en Espagne, ou y entrerait en Roi ! C'est-à-dire en donnant *la main à ses amis* et *tendant les bras aux autres* (*), selon l'une encore des belles paroles de Charles X, en entrant dans son ingrate patrie.

Que les Charles d'Espagne, que Henri de France, soient *libres* de leurs

______

(*) Entre mille exemples de l'aptitude exclusive d'un Prince légitime à pardonner à ses ennemis, à leur donner même le pas sur ses amis...., je citerai le plus petit, parce

personnes, de leur résidence, de leur entrée même dans la Péninsule, ou même dans la France ;..... ils seront peut-être tout de suite finis comme *Prétendants*.

Et le plus simple, le plus innocent, le plus *maladroit* journal, fondé ou relevé et *désigné* par eux et pour eux, est plus capable mille fois de leur restauration sans leurs personnes qu'avec elles.

Ils n'ont de valeur, et même d'existence, que par leur exil :

> De loin, c'est quelque chose, et de près ce n'est rien.   LA FONTAINE.

Et leurs *Frances* et leurs *Reparador* les servent moins, libres, que contenus ou réprimés par les *Lois de septembre* : car l'opinion publique s'exagère toujours la *logique* des infortunés dont *les bras* ou les plumes *sont liés*.

Une lutte, à la fois terrible et stérile, de près de sept années, comme

---

qu'il est *Bourbonien* par excellence. Le voici tel qu'il est rapporté dans l'Histoire de la Bourgogne, à laquelle la France se doit tout entière :

« Le duc Louis de Bourbon, dont la mère s'appelait *Isabelle*, dont une sœur fut reine d'Espagne, et une autre femme de *Charles-le-Sage*, revenait de l'exil de Londres.... avec le Roi Jean, en 1335, il y a 500 ans juste (car avec sa race, il faut compter par siècles). Il était surnommé *le Bon*. Aussi fut-il traité en Roi par le *Roi* d'Angleterre, comme son arrière-petit-fils, notre Henri, vient de l'être en sujet par une *Reine* de ce pays... « Auquel pays, dit Christine de Pisan, si gracieusement se contint, que même au Roy Edoart, à ses enfants et à tous tant plaisait, *qu'il lui était* « *abandonné d'aller esbattre et jouer partout où il plaisait ;* et, à bref parler, tant « y fit par son sens, courtoisie, peine et pourchas, que grant part de sa rançon, qui se « montait moult grant finance, lui fut quittée, et revint en 1370, après dix ans. »

Et pour remercier Dieu, et surtout la Mère de Dieu, de son retour et de son mariage avec la Dauphine d'Auvergne, il institua, sous le nom de *Notre-Dame-d'Espérance*, un *Ordre* dont Duguesclin voulut être, et qui semble devenu depuis le secret du bonheur et l'emblême des Bourbons.

Or, voici le trait que je voulais dire, et pour cause ; le voici tel qu'il est dans la même *Histoire de Bourgogne* :

« Pendant le festin qui suivit la cérémonie de l'institution, *Huguenin Chauveau*, procureur-général du Duc, vint lui présenter à genoux le registre des informations secrètes et exactes qu'il avait faites des déprédations commises sur ses terres, pendant sa captivité, par divers Seigneurs, ses vassaux, dont la plupart étaient de l'assemblée.

celle de Don Carlos en Espagne contre des ennemis de *toute nation*, n'est pas de nature à se renouveler...

Laissez libres les Princes d'Espagne, ils voudront rester à Bourges peut-être...

Peut-être les verrez-vous *aspirer à descendre*, et abdiquer en votre faveur! Ils *attendront*..... en tous cas.....

L'expérience des dernières années, et surtout la leur, leur a fait sentir assez qu'il n'est plus de Restaurations possibles (mais aussi, faciles) que celles sans coup férir, et par conséquent *de par la grâce de Dieu* seul.

Dans le fait, *nulle* conspiration, *nulle* invasion, nulle *Ligue*, même européenne, et par conséquent nulle *visite* à Londres, nul régicide surtout, n'a jamais réussi qu'à consolider, à faire aimer même un peu plus le pouvoir le moins ou le plus aimable auquel elles en voulaient : Cromwell et Guillaume, Bonaparte et Louis-Philippe principalement ; et la Sainte-Alliance elle-même, venue en masse et à deux reprises, ramener la branche Aînée des Bourbons de France, ne ramenait que la Cadette, qui ne lui allait pas si bien, ou qui ne lui allait pas du tout.

Tant elle est vraie, la Prophétie antique et solennelle que *Celui qui tire l'Epée* (la plus légitime en apparence) ne la tire guère que sur lui-même, et *périt à son tour par l'Épée!*

Mais la plus simple chose *naturelle*, le plus souvent imprévue, la plus petite *évolution* de Dieu, suffit toujours, et suffira de plus en plus, à déconcerter, à prévenir et à réparer toutes les *révolutions* par hommes. Entre mille autres exemples : — une *Messe* (le contraire d'un *siége*) à Paris en 1589 ; — un *Grain de sable dans l'uretère de Cromwell* (*), selon la

---

La consternation s'étant emparée des coupables, le Duc les rassura par ces paroles qu'il adressa au procureur-général : *Chauveau, avez-vous aussi tenu registre des services qu'ils m'ont rendus ?* En même temps, s'étant saisi du registre, sans l'ouvrir, il le jeta dans un grand brâsier. »

(*) « Cromwell allait ravager toute la chrétienté : *la Famille royale était perdue, et la sienne à jamais puissante*, sans un petit grain de sable qui se mit dans son uretère; Rome même allait trembler sous lui : mais ce petit gravier, qui n'était rien ailleurs, mis en cet endroit , *le voilà mort, sa famille abaissée*, et LE ROI RÉTABLI. »

(Edition de **M. Cousin**).

5

terrible *Pensée* de Pascal (et non certes l'armée de Monck), en septembre 1658, suivie d'une traversée de Charles II de la Haye à Londres en mai 1659 ; — une nouvelle *transition* de La Haye, une *Visite en Angleterre* (ou plutôt un imprudent *choix de gendre protestant*) le 5 novembre 1689, le jour anniversaire de la *Conspiration des poudres* (sorte de *Saint-Barthélemi* apparente des Anglais), « par le même vent (c'est un fait) qui retenait la flotte de Jacques II dans la Tamise ; » — en 1810, une *mort subite* du faux *prince royal* de Suède, suivie d'une idée de Charles *treize*, plus *faux* encore, à l'assez faux Bernadotte, dans la diète d'*Œrebro* (on dirait l'*Erèbe*) ; — un imprudent choix de prêtres ou de favoris pour ministres, *l'abbé* de Montesquiou et le *duc de Blacas* (non l'armée et encore moins l'innocent Ney et le plus innocent Labédoyère) la veille du 20 *Mars* ; — un *quiproquo* de Bonaparte, au lieu nommé de toute antiquité la *Belle-Alliance*, à Waterloo, en juin 1815 ; — une allée, et surtout une *rentrée*, au spectacle, le 13 février 1820 ; — une page du *Moniteur*, le 25 *juillet* 1830 ; — un cheval anglais, ou, si l'on veut, *un pavé* sur le *Chemin de la révolte*, à Neuilly, le 13 *juillet* 1842.

Et, au moment même de l'aveu *officiel*, par les Bourbons de Naples, de leur reconnaissance, visiblement contradictoire et intéressée, d'une légitimité proclamée fausse par les quatre plus grandes puissances morales ou militaires de l'Europe : la Sardaigne, l'Autriche, la Russie et la Prusse ; la si petite *rougeur de typhus*, qui s'est glissée sous la peau de la *Carlotta* de Naples (*), pour la faire mourir, elle aussi, en *trois jours !* — Elle qui, ne pouvant être reine, voulait, à tout prix, faire roi son *bâtard !* — Elle qui avait dit les fameuses paroles du 1830 de Madrid,

---

(*) Les révolutions providentielles au petit pied pullulent en Espagne, comme pour annoncer et préparer les grandes ; et l'on voit tomber, l'un sur l'autre, comme des *capucins de cartes* ou de chartes, et tous seuls, la veille ou le lendemain de leurs *Paix* ou de leurs *Victoires*, les *Ducs*, les *Princes*, de ces noms significatifs dans la langue de Dieu...... Et puis *Aguado* et *Toréno*, frappés de mort, l'un en Espagne, l'autre à Paris ; frappés de mort à la minute où ils *couraient sus les finances*, qu'ils avaient épuisées déjà, en Espagne ou en France !.... Maroto et Olozaga, plus malheureux encore, l'un caché, l'autre fugitif, mais *vivants*, et se voyant, *honteux et confus*, après avoir paru un moment souverains de rois ou de reines !

au roi mourant : *Il ne s'agit pas de mourir, mais de signer!* — Elle que *la Loi Salique* d'Espagne a permis de nommer si heureusement l'*Infanticide*.

Et voilà pourquoi M. Berryer ; et M. de Larochejacquelein lui-même, le *Vendéen-né*, se récrient à tue-tête contre toutes les sortes de guerres civiles ; et *vocifèrent la paix*, comme *vociféra* un jour la *guerre* d'Espagne M. de Chateaubriand.....

Si à présent, si après tant d'années, dans un siècle où la vie s'use si vite, où l'on vit si peu, vous ajournez encore votre humanité...... et la liberté, c'est-à-dire la santé, la vie des princes, dites quand vous les leur rendrez?

A la Paix de l'Espagne?

Comme si vous ne lui causiez, vous ne lui faisiez pas la guerre, précisément en lui laissant penser qu'il suffira toujours, un jour, des Princes de Bourges pour la troubler !

Entre vos mains Charles et Louis d'Espagne sont l'*Epée de Damoclès* que vous suspendez sur la tête des Espagnes !...

Le danger pour l'Espagne ! il est visiblement, exclusivement peut-être, dans l'exil forcé, dans la détention de Charles et du Prince des Asturies : — Car cette détention suppose, proclame sa force, qui peut-être n'existe plus ; — elle empêche, par l'espérance ou la crainte qu'elle suscite dans toute la Péninsule, de se rallier au parti de la Régente, puis à celui du Régent, puis à celui de l'Emancipée.

Il ne resterait plus, en fait de dangers, à prétexter que le danger des Princes pour eux personnellement !

Qu'ils restent en France, dont ils devaient être les rois ; qu'ils demeurent à Bourges, la capitale du *Bourbonnais*, le *milieu* de la France, et que leur Providence et celle de la France leur avaient précisément donné pour berceau !

Mais que, sans en sortir encore, ils y demeurent libres d'en sortir, sous la seule Garde du Dieu des Rois.....

On pourrait défier un État quelconque, l'Italie, Naples, la Sardaigne, l'Autriche, la Russie, la Prusse, l'Angleterre elle-même, de se faire, surtout aujourd'hui, le détenteur sérieux des augustes Princes en question :

Car le rôle, au bout d'une année seulement, s'est réduit à celui de *Geôlier*.

Et au fond, et en dernière analyse, ne serait-il pas vrai que la détention de Don Carlos, au lieu de son Refuge à la sortie des mains du grand *Judas*, de l'homme à jamais *déshonoré* des temps modernes (Maroto), soit une continuation, une consommation, une complicité, et peut-être un commandement de Maroto ?....

La France, éminemment noble, généreuse, *royaliste* de sa nature, seule dans la chrétienté, voudrait-elle être odieuse?

La *Pétition* de la France, dans ses rapports avec l'Espagne, n'est pas moins éclatante de justice et de besoin :

Et d'abord, ce n'est jamais une *chose*, ou, si vous voulez, une *charte*, une *déclaration de droits*, une fixation puérile et mensongère de majorité, des discours plus ou moins sages de tribune, des journaux quelconques, ce n'est jamais une victoire et des victoires quelconques même, qui pourront sauver l'Espagne : car ils l'ont perdue.

C'est *un Principe*, c'est-à-dire une grande *Personnification*, un Etre enfin qui représente, à lui seul, toutes les grandeurs, toutes les illusions, toute la poésie de la société.

C'est, en un mot, la Légitimité, mais l'éclairée, mais la vertueuse, mais la magnanime, c'est-à-dire, la seule vraiment *constitutionnelle*.

L'Espagne, c'est un peuple unique au monde.

C'est, à la fois, le plus immobile et le plus mobile, le plus homme et le plus enfant; et celui, par conséquent, où les révolutions ne sont guère que des évolutions de milice et presque de théâtre. Il y a de la *comédie* de tous les jours, comme en France des *comédies de 15 ans*, dans leurs plus sanglantes tragédies. Et pour cela le premier homme, grand, moyen ou petit, tout, et quelquefois un monstre ou un fou, leur suffit :

Gonzalve de Cordoue, le duc d'Albe; — Palafox, Zumala-Carréguy, le baron d'Éroles; — Ripperda, Alberoni, Farinelli, Campomanes, Cabarrus; — Godoy, Espartero, Narvaez, etc.; — ayant à leurs ordres, ou plutôt à leur suite, des *Roncali*, des *Méer*, des *Pézuela*, et ce *Pardo* cruel qui vient de mettre à mort, comme il eût nommé, sept officiers généraux.

Mais précisément, parce qu'il suffit d'un homme pour perdre le pays, il suffit d'un pour le sauver :

Une femme, nous l'avons, osons le dire, démontré dans le *Manifeste*, supérieure à le compromettre, ne l'a sauvé et ne le sauvera jamais.

Une femme enfant jamais encore plus : *Væ tibi, terra, cujus rex Puer est*, dit la *Sagesse* du Roi immortel.

Encore moins une femme émancipée, une femme libre; une enfant *Mineure*, et même *Minime* s'il en fut jamais, déclarée, par un mensonge, majeure, c'est-à-dire grande, à 15 ans juste, par 193 Narvaëziens juste : c'est-à-dire moins 195 fois qu'un Espartero *victorieux*, Régent unique en apparence.

Ce sont 195 intrus nouveaux, usurpateurs unis par la peur des autres, en attendant qu'ils soient divisés par leurs craintes réciproques ; — 195 assassins rationnels de la monarchie d'Espagne, en attendant les ultérieurs ; — et, si nous osons le dire, après la Providence de leur nombre révolutionnaire, la *Constituante grosse de la Convention;* — l'ambitieuse *Gironde*, prélude du *Comité de Salut public ;* — la *Démocratie*, d'abord *Pacifique;* — et bientôt meurtrière comme toutes les démocraties; — enfin le 95 de France *in petto.*

195 *sujets* enfin qui, ne pouvant être rois, pas même régents, veulent du moins, par la grâce et même par les grâces d'une enfant, être ministres; et qui, dans cette vue, prolongent le célibat de la poupée, comme ils ont accéléré sa majorité.

Tous ces usurpateurs ensemble, les pires de tous les usurpateurs, stigmatisés, dès le temps de Charlemagne, dans ces énergiques paroles d'Hincmar : « Il y a des trônes qui ne sont que pour remplir la mesure des iniquités des Rois, ou punir celles des Peuples; *Quidam siquidem tyrannicâ usurpatione obtinens* principatum propter sua *complenda*, vel populi ulciscenda peccata de quibus scriptum est : *Ipsi regnaverunt, et non ex me, principes extiterunt, et non cognovi* (Osée, viii, 4.)..... Quod tale est sicut et : *Necesse est ut veniant scandala : væ autem homini illi per quem scandalum venit;* quia væ illi est, ut quod fiendum est, talem (si) se suo vitio efficit ut per illum quod ad væ pertinet exequatur. *Hincm. ad Quæst. VI.* »

La Nation Espagnole a trop de dignité et de Royalisme pour souffrir cela vingt-quatre heures…

Reste donc, plus impérieux que jamais, la question, le devoir et la nécessité d'un mariage, à la fois politique et naturel, pour sauver la jeune Isabelle des passions, des embûches, et des attentats de tous les partis, et même des individus des partis (l'*audace* de l'Aga turc Olozaga en est un assez bel exemple). *Interest rei publicæ*, disent les lois Romaines qui ont tout dit, *ne papillaris ætas insidiis obnoxia deseratur.*

Une enfant de 15 ans… *Roi !* que disons-nous ? Une femme de 25 ans roi, à côté d'un homme époux même de 40, engendrerait, encore mieux, s'il est possible, tout cela ; et le plus Sage *des Rois* (*) *déclare* formellement, dans l'*Ecclésiastique*, comme une loi constitutionnelle qui vaut les nôtres, que : « Si la femme a le Pouvoir, elle est opposée à son mari : *Mulier, si primatum habeat, contraria est Viro suo.* »

En tout cas, point de dignité possible, pour le *beau sexe*, sans le Sexe fort : *Feminæ dignitatem à sexu Virili.* Loi, *romaine* s'il en est, 1re *de Senat.*

Il ne faut donc, ni plus ni moins, qu'un *homme*, et un homme roi, un roi tout entier, un roi vraiment constitutionnel, et le seul moyen d'une reine fière, heureuse et durable, pour tirer les Espagnes du chaos où les ont placées les femmes dominantes ; pour faire des Espagnes une Espagne forte et unique (**).

(*) En cela d'accord avec le plus grand publiciste de l'antiquité profane, Aristote, au liv. Ier de sa *Politique* : *Silentium præstat mulieri ornamentum. — A mulieribus malè regitur Civitas.*

(**) Il ne faudrait, pour rendre sensible l'impossibilité et le péril imminent du *statu quo* de l'Espagne, tel que viennent de l'improviser Narvaez et Olozaga, à la faveur de Louis-Philippe, que ces paroles de leurs *Débats* habiles :

« Nous n'avons voulu qu'appeler l'attention sur le touchant et instructif spectacle qu'offre en ce moment l'Espagne. Ce peuple, qui a eu la force de déraciner un despotisme séculaire, qui a soutenu contre le dernier *représentant de l'inquisition et de la monarchie absolue* une guerre civile de dix années, ce peuple qui a récemment renversé d'un geste *la dictature d'Espartéro*, et dans le sein duquel ne manquent assuré-

Cet homme, nous l'avons, osons le dire encore, démontré, n'est pas à
choisir; il n'a pas de concurrent qui ne soit sa *caricature*, qui soit possible, et qui ne fasse éclater sa convenance, son aisance, sa bienfaisance,
son *unité*, son inévitabilité :

C'est le Prince des Asturies.

Tous les autres prétendants semblent n'avoir été suscités que pour faire
ressortir l'excellence de celui-là : — les uns sont *étrangers*, la pire des exclu-
sions aux yeux de tous les pays et de tous les partis ; — l'autre est encore
plus effrayant, précisément parce qu'étant malheureux il est Espagnol (*) :
c'est le fils, ou plutôt l'enfant infortuné d'une femme qui s'est abaissée, dans
un pays où l'on ne s'abaisse jamais impunément.

Celui-là, néanmoins, on le sait, est dans sa patrie, près du trône ; il lui
fait la cour en même temps qu'aux ennemis jurés de la cour et du trône ;
— sa mère surtout la leur faisait pour lui, ne pouvant encore la faire pour

---

ment ni les hommes de talent, ni les hommes de cœur, confesse hautement le besoin
qu'il a, pour son salut, du concours de la royauté constitutionnelle! Après tant d'ora-
ges, il *demande l'ordre et le repos à cette jeune princesse*, dont toute la force est dans
je principe monarchique qu'elle représente! Il se met, en quelque sorte, sous la *garde
d'une reine de treize ans, faible enfant*, mais dont le *nom seul* doit suffire pour ré-
primer les ambitions audacieuses! L'Espagne a une constitution ; mais, *sans cet enfant, la constitution demeurait, pour ainsi dire, incomplète*, la liberté restait exposée
aux entreprises de *toutes les factions*; cet enfant, en un mot, c'est la reine, la reine
constitutionnelle, et *ce titre la rend sacrée* et l'élève au dessus de tous les partis, pour
les calmer et les réconcilier avec eux-mêmes. Voilà la leçon qui ressort des événe-
ments qui ont lieu en ce moment en Espagne, et cette leçon doit *suffire* pour venger
le *principe de la royauté* de fausses et injurieuses théories! »

(*) Sa race est flétrie *constitutionnellement* par des Cortès qui ne sont pas suspec-
tes, et plus constitutionnellement encore par Dieu lui-même, dans cette grande *Loi* de
la *Sagesse.* iv. 3 — 6, qu'il a *exécutée* sur le *Fils*, encore plus que sur la *Mère* : car
le premier *demeure* avec toute la malédiction de la vie et de la mort de la seconde :

Multigena autem impiorum multitudo non erit utilis, et *spuria vitulamina non
dabunt radices altas, nec stabile firmamentum collocabunt*. Et si in ramis in tempore
germinaverint, infirmiter posita, à vento commovebuntur, et à nimietate ventorum
eradicabuntur. Confringentur enim rami inconsummati, et fructus illorum inutiles,
et acerbi ad manducandum, et ad nihilum apti. Ex iniquis enim somnis filii qui
nascuntur, *testes sunt nequitiæ adversùs parentes* in interrogatione suâ.

elle. — Et l'autre est exilé, pauvre, sans liberté de la presse, sans même celle de la poste, à peine avec la liberté de la parole, avec un petit nombre d'amis fidèles ; — il n'a pas même la liberté de tendre la main à un de ses amis hors de sa maison prisonnière ; — et celui dont le père, dont le frère avaient la liberté et l'Empire des deux Mondes, n'a pas même la liberté de la campagne et de l'air dans le pays né de la liberté même des Esclaves !

Il est Prisonnier enfin :

Et si c'était (*) aux yeux de l'Espagne recueillie, et surtout aux yeux du cœur de sa cousine Isabelle, son plus beau titre à la fois à sa main et à sa couronne !

En résumé, et en définitive,

Les Charles et les Marie-Thérèse d'Espagne ne se concevront jamais à Bourges, que comme d'Éternels témoins et d'illustres victimes des terreurs égoïstes, et peut-être perfides, de leurs plus près parents ! Car si la seule Christine disait, depuis des années, un mot seulement, son royal Frère serait libre comme elle et pour elle.

Le danger politique et social est donc un prétexte, un mensonge ; c'est le danger individuel, c'est le danger dynastique et égoïste, c'est le péril *efféminé*, qui est la vérité ; et c'est la vérité qui sera criée, qui criera incessamment, et de plus en plus, jusqu'à la liberté des Charles d'Espagne et de France.

Quoi qu'il en soit, si jamais il y a eu, depuis l'établissement du gouvernement représentatif en France, et même en Angleterre, un cas de pétition, un droit de pétition, un devoir de pétition, une Pétition vraiment légale, vraiment légitime et constitutionnelle, de Français à Chambres, un cas de résolution et de pétition à l'unanimité de Chambres à Ministre

---

(*) Cette mise en liberté royale, cette *raison* du trône, ont encore été prévues et prédites, comme toutes les conséquences d'une cause, par l'éternelle et encyclopédique *Sagesse* de l'*Ecriture-Sainte* :

Quòd *de carcere*, catenisque interdùm quis *egrediatur ad regnum* : et alius natus in regno, inopiâ consumatur. Vidi cunctos viventes, qui ambulant sub sole cum adolescente secundo, qui consurget pro eo.

des affaires étrangères, à ministre de l'intérieur, à garde-dés-sceaux, et même à Roi, et capable de les honorer à jamais tous ensemble, c'est assurément celle-ci : car, par un bonheur rare, et peut-être unique, elle renferme, elle consacre à elle seule « la *Liberté de la Presse* et le *Droit de « Pétition*, la *Liberté individuelle* et le *Droit de propriété*....., les quatre « *libertés nationales* par excellence, auxquelles se réduit le Gouvernement « représentatif tout entier : » selon les énergiques paroles de Benjamin Constant, l'homme de ce siècle qui connut le mieux la théorie et accomplit le mieux la pratique de ce gouvernement de générosité; car il est, on peut le dire, *mort à sa peine*.

En conséquence, nous demandons, nous osons le dire, au nom de la France, au nom et dans l'intérêt les plus chers et les plus visibles de tous les partis, la révision et par conséquent l'abrogation des *Lois de Septembre* proprement dites, de la *Loi* improprement dite de *Bannissement* de Princes qui, pour être en exil, n'en sont que plus Français ; et, en tout cas, la désuétude, l'oubli de ces lois, et la *Liberté*, pour tous indistinctement, de dire et de faire même le mal, comme la condition nécessaire de pouvoir dire et faire le bien.....

ARGUMENTS
Pour la Pétition de la France;

Déduits, A FORTIORI, des articles suivants de la CHARTE CONSTITUTIONNELE :

4. La *Liberté individuelle* est également garantie, *Personne* ne pouvant être poursuivi ni arrêté que dans les cas *prévus* par la loi, et dans la forme qu'elle prescrit.

7. Les Français ont le droit de publier leurs opinions.

8. *Toutes* les *propriétés* sont inviolables.

12. La *Personne* du (et parconséquent d'*un*) Roi est inviolable et sacrée. Ses ministres sont responsables. Au Roi seul appartient la puissance exécutive (art. 13 de la Charte de Louis XVIII et de Charles X.)

13. Le Roi est le chef suprême de l'État; il commande les forces de terre et de mer; déclare la guerre; fait des traités de paix, d'alliance et de commerce; nomme à tous les emplois d'administration publique et fait les ré-

glements et ordonnances nécessaires pour l'exécution des lois , *sans pouvoir jamais ni suspendre les lois elles-mêmes*, ni dispenser de leur exécution.

29. *Aucun* Pair (et, à plus forte raison, *aucun* Prince) ne peut être arrêté que de l'autorité de la Chambre et jugé par elle en matière criminelle.

43. *Aucune* contrainte par corps ne peut être exercée contre un membre de la Chambre, durant la session, et dans les six semaines qui l'auront précédée ou suivie.

44. *Aucun* membre de la Chambre ne peut, pendant la durée de la session, être poursuivi ni arrêté en matière criminelle, sauf le cas de flagrant délit, qu'après que la Chambre a permis sa poursuite.

47. La Chambre des Députés a le droit d'*accuser* les ministres.

53. *Nul* ne pourra être distrait de ses juges *naturels*.

54. Il ne pourra en conséquence être créé de commissions et de tribunaux extraordinaires, *à quelque titre et sous quelque dénomination que ce puisse être.*

58. Le Roi a le droit de faire grâce et celui de commuer les peines...
..... (A un *Roi*, à un Prince, sans doute, comme à un autre.)

65. Le Roi jure d'observer *Fidèlement* la Charte constitutionnelle.

Arguments, *à fortiori* encore, de la section du Code Pénal intitulée : *Attentats à la Liberté*, art. 114 — 122 ; et d'une autre section : *Arrestations illégales et séquestrations de Personnes.* Art. 341 — 344 :

114. Lorsqu'un fonctionnaire public, un agent ou un préposé du Gouvernement, aura ordonné ou fait quelque acte *arbitraire et attentatoire, soit à la liberté individuelle,* soit aux droits d'un ou de plusieurs citoyens, soit aux constitutions de l'Empire, il sera condamné à la peine de la dégradation civique.

Si néanmoins il justifie qu'il a agi par ordre de ses supérieurs, pour des objets du ressort de ceux-ci, et sur lesquels il leur était dû obéissance hiérarchique, il sera exempt de la peine, laquelle sera, dans ce cas, appliquée seulement aux supérieurs qui auront donné l'ordre.

115. *Si c'est un Ministre* qui a ordonné ou fait les actes ou l'un des actes mentionnés en l'article précédent, et si, après les invitations mentionnées dans les articles 63 et 67 du sénatus-consulte du 28 floréal an 12, il a refusé ou négligé de faire réparer ces actes dans les délais fixés par ledit sénatus-consulte, il sera puni du *bannissement.*

116. Si les Ministres prévenus d'avoir ordonné ou autorisé l'acte *contraire aux constitutions,* prétendent que la signature à eux imputée leur a été surprise, ils seront tenus, en faisant cesser l'acte, de dénoncer celui qu'ils déclareront auteur de la surprise ; sinon, *ils seront poursuivis.* »

§ II.

SUPPLIQUE

Au Roi

POUR LES ROIS.

— ◦ —

> « N'est-ce point être l'image du Tout-Puissant que de soutenir un Roi chassé, trahi, abandonné ? »
>
> (SÉVIGNÉ, t. VII, lettre 52.)

> ALEXANDRE.
>
> Votre nom peut encor plus que toute une armée :
> Je m'en dois garantir ; parlez-donc, dites-moi,
> Comment prétendez-vous que je vous traite ?
>
> PORUS.
>
> En Roi.
>
> (RACINE.)

SIRE,

La Chambre de vos Pairs vous a dit, le premier jour de cette grande Année Climatérique : « Nous voyons en vous, Sire, le bienfaiteur, non-seulement de notre âge, mais de ceux qui le doivent suivre. Ils vous placeront, n'en doutons pas, au premier rang parmi ces hommes d'élite, parmi ces princes que la Providence tient en réserve, qu'elle envoie quand leur jour est venu et *auxquels elle donne pour mission de tout reconstituer, de tout raffermir*, quand tout a été ébranlé ; de rendre à l'ordre public et légal cette force et cette vitalité, source de toutes les prospérités, et sans lesquelles aucun bien-être ne saurait être assuré nulle part. Est-il *une plus belle gloire* que celle-là, et qui l'aura mieux méritée que vous ? »

Et la Chambre de vos Députés : « Notre royauté de 1830 multiplie son action et ses bienfaits, sans rien perdre de son unité et de sa force. C'est à de tels traits qu'on reconnaît une dynastie vraiment nationale, que nous saurions défendre à l'égal de nos libertés, parce qu'elle en est le symbole et le plus ferme appui. »

Et vous avez pu répondre aux Représentants des Monarchies de l'Europe : « Tout me présage, pour l'année qui commence, l'accomplissement des vœux que vous venez de m'offrir dans des termes auxquels je suis particulièrement sensible. C'est au nom de la Reine et de tous les miens que je vous l'exprime.... »

Je ne crains pas de dire à Votre Majesté que toutes ces paroles, réciproquement si flatteuses, deviendraient terribles, sans la Générosité que je vais vous dire, sans l'*entente cordiale* de la Prière que je vais vous faire.

C'est une Prière, en effet, que je vous adresse ; car, si vous n'étiez pas le *Roi* de mon cœur, vous seriez celui de ma raison, et un Souverain de fait (ne fussiez-vous que cela), encore plus que celui de fait et de droit ensemble, est, à mes yeux, un Dieu plus terrible de seconde majesté.

Et qui vous fait une prière ? Ce n'est pas un Carliste, pas un Royaliste même, mais un *Royautiste,* et mieux encore un *Logicien* pur et simple, et, encore mieux, un *Fidèle,* qui ne demanda jamais, au temps où il avait déjà beau jeu pour demander, à la première Restauration, et ne demandera jamais à la seconde (la Révolution de Juillet), que la Liberté, qui ne lui fut refusée jamais, de dire, à tout prix, aux plus grands Rois et aux plus grands Esprits faux, les plus grandes vérités : *Etenim sederunt Principes, et adversùm me loquebantur... Et loquebar in conspectu Regum, et non confundebar.* Ps. 118. — Et qui ne vous demande aujourd'hui la Liberté des Princes Légitimes d'Espagne (Dieu le sait) que comme le plus sûr moyen, le seul peut-être que vous ayiez de justifier, de légitimer en France votre liberté, portée jusqu'à la hardiesse de régner, ou plutôt de paraître régner, absolument.

La Liberté, aujourd'hui, pour les Princes d'Espagne, c'est la Couronne, c'est plus que la Couronne :

Ne voulez-vous *rien* dire du *Vers royal :*

> J'ai fait des souverains et *n'ai pas voulu l'être ?*

Voudriez-vous, au contraire, de *propos* plus *délibéré* que jamais, emprisonner, et, ce qui serait moins royal encore, mettre, à la lettre, *sous la surveillance de la Haute Police, à l'instar* des galériens,... vos Cousins vertueux (*)?.... Ce qui constaterait le seul régicide désormais possible (le régicide paternel, le régicide *Egalité*, ne l'est plus) et le plus perfide, le plus ingrat de tous : le régicide par un Roi... le régicide par un Roi nouveau, par un Roi que le Pays a fait dans un accès de générosité?

Et quelle Prière je vous fais ! et quel *Roi* vous êtes !

Quelle Prière ?

Celle pour la chose la plus naturelle, la plus humaine, la plus aimée, la plus sacrée qu'il y ait au monde, et aux yeux et aux cœurs de tous les hommes ;

Celle au nom de laquelle toutes les Révolutions et toutes les Restaurations se font : la *Liberté*. Et quelle Liberté, entre les Libertés diverses ! La *Liberté* qui ne se refuse à personne, l'Individuelle, la *Personnelle* : *Quod optimum inter homines est, Libertas est.* DIOG. LAERT.

Et cette Liberté, pour des Rois... Cette sorte d'hommes, la plus infortunée lorsqu'elle est infortunée, et dont l'un des Français qui connut le mieux l'Humanité, Pascal, a dit : « Qui se trouve malheureux de n'être pas roi, sinon un roi dépossédé ? Trouvait-on Paul-Émile malheureux de n'être plus consul ? Au contraire, tout le monde trouvait qu'il était heureux de l'avoir été, parce que sa condition n'était pas de l'être toujours. Mais on trouvait Persée si malheureux de n'être plus roi, parce que sa condition était de l'être toujours, qu'on trouvait étrange qu'il pût supporter la vie. »

Et cette Liberté, pour quels Princes ! Précisément pour ceux qui vous sont (car ils devraient vous être) les plus sacrés : — la Liberté d'un Fils, d'un Frère, d'un Oncle de Roi, s'il n'est pas Roi lui-même (**) ; — celle

---

(*) *Parentes venerandi, nec contumeliis afficiendi.* Loi 1re de *Obseq. præstand.*

(**) On trouve dans le *Droit de la Guerre et de la Paix*, de Grotius, tout protestant qu'il était, des chapitres intitulés : « Que l'Autorité royale reste à des Rois Exilés, et

d'un jeune Prince, auquel la volonté n'eût peut-être pas manqué toujours, de donner sa main à l'une de vos filles; — celle d'une Marie-Thérèse, Princesse courageuse et adorée, qui semble n'avoir donné la sienne à Charles d'Espagne que pour rendre une mère aux trois fils chéris et précieux d'une sœur morte à la fleur de l'âge.

Et tous les trois, tous les cinq, les Aînés, eux aussi, de votre Race, ceux précisément auxquels vous n'eûtes rien à reprocher jamais, que vous n'avez pas à considérer comme des adversaires ou des prétendants, et qui n'ont pas à vous pardonner (je parle leur langue de famille) leur succession !

Et quels Français, quels Philosophes, quels Noms, quels Livres, entre mille autres, vous rappellent ici vos Devoirs, Sire, et l'état des Princes malheureux !... Ceux-là précisément qui sourirent le plus à votre jeunesse, et vous ouvrirent, on peut vous le dire, le chemin du trône : Rousseau, dans l'*Émile,* et Mirabeau, dans les deux plus belles pages de sa *Philippique* contre les *Lettres de Cachet* et les *Prisons d'Etat,*... réfugiées en ce moment à Bourges :

« Quand Dieu a créé les hommes, s'écrie le dernier (de sa prison, où il avait appris à plaindre et à faire plaindre le malheur), Dieu a voulu qu'ils existassent. L'existence est inséparablement liée à la subsistance : nous ne pouvons subsister qu'en satisfaisant aux besoins que l'Auteur de notre être nous a donnés : les facultés corporelles, que nous avons reçues de lui, sont évidemment destinées à satisfaire à nos besoins, et notre intelligence à nous aider dans ce travail : la liberté de notre personne en est l'indispensable outil. Cette propriété est donc inaliénable et sacrée : on ne saurait la ravir sans nous anéantir : *attenter à ce droit, c'est attenter à notre vie,* que Dieu nous ôte quand il veut que nous la perdions. La loi de la propriété, ou, ce qui revient au même, la Loi de la *Liberté est donc une Loi divine* : les Souverains, avant l'inauguration desquels il existait apparemment des hommes, les Souverains sont donc institués de Dieu, qui est *terrible dessus les rois,* pour faire régner la justice.

« encore qu'ils aient perdu la possession de leurs États. » — « Q'un Roi chassé de « ses États a le même droit dans les traités par lui faits, qu'il avait auparavant, etc. »

Dei enim minister est tibi *in bonum.* (Rom. XIII, 4.) — Quoniam... cùm essetis ministri regni illius, non rectè judicastis, nec custodistis legem justitiæ, neque secundùm voluntatem Dei ambulastis. Horrendè et citò apparebit vobis..... *Potentes enim potenter tormentä patientur.* (Sapien. VI, 4, 6.)

« O mes aveugles compatriotes ! Il n'est pas plus difficile d'effacer du rôle des citoyens votre nom que le mien (*sic*) : Comprenez bien cette effrayante vérité. Mais quel homme sensible aura besoin de faire ce retour sur lui-même pour être glacé d'effroi en pensant aux ordres arbitraires ? Un tel brigandage ne l'intéresse-t-il point assez, si ce n'est dans soi-même ou les siens, du moins dans la personne de tant de concitoyens enfermés dans les plus sombres cachots, sans secours ni du côté de la loi, ni de celui de leur famille, et qui n'ont d'*autre crime peut-être que celui d'être craints, haïs, ou importuns ?* Souffrir dans une solitude profonde toutes les privations et toutes les inquiétudes ; être arraché à tout ce qu'on aime, à tout ce dont on est aimé (être enfermé *avec*, c'est... plus terrible encore !), n'est-ce pas plus, infiniment plus que mourir ? Oter la vie à un particulier qui n'est pas légalement condamné, c'est un acte de tyrannie si odieux qu'il jette l'alarme dans toute une nation ; mais il fait peu de mal à l'individu si cruellement assassiné ; car un instant le délivre de tous regrets, de tous désirs, de toutes peines : c'est donc seulement l'idée d'une violence atroce qui révolte les hommes dans une telle catastrophe. Par un étrange préjugé, l'*emprisonnement illégal et indéfini* semble moins barbare : n'est-il donc point une punition beaucoup plus sévère ? Les angoisses d'une prison d'état sont un supplice incomparable à tout autre. L'amitié, l'amour, ces bienfaiteurs du monde, deviennent des bourreaux de la victime ; *plus son cœur est actif, plus son âme est élevée,* plus ses sens ont d'énergie, *et plus ses tourments sont aigus et multipliés.* Ces précieux dons de la nature tournent à sa ruine : il ne vit que pour sa douleur : *nulle correspondance,* nulle société, nul éclaircissement de son sort. Quelle mutilation de l'existence ! c'est cesser de vivre et ne jouir pas du repos que procure la mort... *Jam vitâ exemptâ, nondùm tamen morte adquiescebat.* (Tacit.) Eh bien ! nous avons tous les jours devant les yeux quelque nouvel exemple de ces sévérités muettes ; et *nous les envisageons sans horreur, parce que le sang ne coule pas.* Il semble que celui qui souffre des douleurs cruelles, pendant des années entières, mérite moins de pitié que celui que le tranchant du glaive frappe une minute... Malheur ! malheur à la Nation où ceux qui ne sont point outragés ne haïssent pas autant, ne poursuivent pas aussi âprement l'oppresseur, que l'opprimé lui-même pourrait le faire ! « *Malheur,* dit « Jean-Jacques Rousseau, *aux âmes arides qui ne savent être émues que par* « *des cris et des pleurs !* Les longs et sourds gémissements d'un cœur « serré de détresse ne leur ont jamais arraché de soupirs; jamais l'aspect « d'une contenance abattue, d'un visage hâve et plombé, d'un œil éteint « et qui ne peut plus pleurer, ne les fit pleurer eux-mêmes : les maux de « l'âme ne sont rien pour eux : ils sont jugés; la leur ne sent rien. N'at- « tendez d'eux que rigueur inflexible, endurcissement, cruauté: ils pour- « ront être intègres et justes; jamais cléments, généreux, pitoyables : je « dis qu'ils pourront être justes, si toutefois un homme peut l'être, *quand* « *il n'est pas miséricordieux.* »

Et de quelle Race obligatoire, Sire, vous êtes, s'il était possible de la séparer de celle des Bourbons !

Le Régent, le Tuteur qui fut si fidèle à son Cousin d'Espagne (*) et surtout à son jeune Roi de France, l'était aussi aux anciens Rois de l'Europe. Il en est un fait mémorable, rapporté en ces termes, à l'année 1718, par Des Odoards, le continuateur philosophique du président Hénault : « Le duché de Deux-Ponts, que Charles XII avait cédé au roi Stanislas pour sa résidence, retourne à un prince de la maison palatine. Stanislas, obligé de l'évacuer, se retire à Veissembourg, en Alsace. Le roi Auguste ayant fait à cette occasion porter plainte à la cour de Paris, le duc d'Orléans répondit à l'Envoyé polonais : *Mandez au Roi votre maître que la France a toujours été l'Asile des Rois malheureux.*

(*) Et, toutefois, le Philippe d'Espagne n'avait pas toujours fait ou rendu la pareille au Philippe de France. Témoin la fameuse *Conspiration de Cellamare* (dont le secrétaire le plus intime du Roi, M. Vatout, a publié, et pour cause, l'*Histoire*), qui faillit faire descendre le Régent du trône de France à une Prison d'état Espagnole.

Et quel Roi vous êtes, Sire!

Le plus heureux, sinon selon Dieu, du moins selon le monde (*), de tous les d'Orléans (*les ans d'Or*), si heureux pourtant, jusqu'à *Égalité* exclusivement ; et le plus heureux, le seul heureux de sa Maison particulière, puisqu'il survit à plusieurs de ses enfans, et qu'il semble en voir renaître plus qu'il n'en voit mourir avant le temps, selon le mot de Tacite, au livre iv de son *Histoire : Non legiones, non classes, perindè firma imperii munimenta, quàm numerum Liberorum.*

Prince plus riche, de son propre patrimoine, que tous les Rois de l'Europe ensemble.

Roi plus heureux surtout que tous les Souverains de ce siècle :
— Plus heureux que Bonaparte, qui mourut le lendemain de ses victoires d'un jour, sous la geôle de ses plus fiers ennemis, et ayant à peine où reposer sa tête ; — plus que Louis XVIII, qui recouvra et occupa sans gloire, et même sans honneur, quelques années, un trône fugitif, autour duquel il appela précisément et les Princes, et les Ducs, et les Ministres, et les Pairs, et les Députés, qui allaient l'occuper ou le briser à sa place.....;
— plus surtout que CHARLES X, qui, ne sachant pas être Roi, porta la faiblesse jusqu'à nommer *Lieutenant-Général du Royaume*, celui qui était Roi déjà ; — et que les fils et le petit-fils de ce Charles,.... plus malheureux que les Stuarts, Rois malheureux par excellence.

Plus heureux que les Condés et les Bourbons proprement dits, dont il se trouve, seul, le richissime héritier !

Le plus puissant, en apparence du moins, des Rois du jour, jusqu'à con-

______

(1) Le plus fameux des homonymes de Louis-Philippe, ne mérita qu'un moment, à son avénement, le titre d'*Heureux*, qui lui échappa tous les jours depuis : à ce point qu'il a failli cent fois perdre à la fois ou tour à tour l'honneur, le trône, la France : « Philippe de *Valois*, dit le Président Hénault, né en 1293, parvint à la couronne « l'an 1328. Il fut surnommé le *Fortuné*. Il fallait que ce fût avant la bataille de « Crécy, et apparemment il eut ce surnom parce qu'il *parvint de fort loin à la « couronne.* » Il livra, ou si vous voulez, il laissa la France aux Anglais, et ne craignit pas de refuser à Édouard, roi d'Angleterre, qui le valait, un combat singulier capable de sauver à son pays les 30,000 hommes et les 2,000 gentils hommes qui demeurèrent sur le champ de bataille, le jour.... de la Saint-Louis 1346.

7

server, à son gré, les ministres, les ministères et même les chambres les plus
hardies ou les plus attaquées ; — jusqu'à sembler affronter , et , en tous cas
s'assimiler tout Paris, par les *Forts détachés;* et, ce qui est bien plus
fort, toute la France par tous les journaux :

Lui qui avait débuté sur le trône, en disant: *Liberté de la Presse, à Jamais!*

Roi libre enfin, jusqu'à l'omnipotence, jusqu'à sembler centraliser à son
profit , et au profit de la France , toutes les licences et presque toutes les libertés de la France !

Libre jusqu'à laisser un de ses fils, le duc d'Aumale , maître d'entrer en
Espagne, en temps et lieu, à main armée, en aspirant de réchef à la main
d'Isabelle , c'est-à-dire, à la couronne d'Espagne !

Libre, jusqu'à retenir , en paraissant respecter, et peut-être *sauver* dans
les chaînes, le plus , le seul digne de cette main et de cette couronne,
le Prince des Asturies : « L'héritier en ligne droite de plus de 100
Rois », pour parler comme le Président des Cortès actuelles.

Lui qui fut, enfant aussi, chassé de sa Patrie, émigré, fugitif, pauvre,
obligé même de se faire *maître d'école* pour vivre dans la Suisse, la
terre de la Liberté, et qui peut se rappeler les douleurs et les longueurs
du temps de la plus courte absence de la Patrie.

Un Roi de France; plus que de la France, que Grotius définissait *Le
plus beau Royaume après celui du Ciel;* un Roi *des Français* (titre
aussi absolu que l'autre est humble) : rêve réalisé, et au-delà, de Fré-
déric-le-Grand lui-même, qui ne trouvait *rien de plus beau que le Rêve*
pur et simple, *pour un Roi* quelconque , *d'être Roi de France !*

Roi des Français, Roi de la France de Louis XIV (*quantùm mutata!*) :
le pays, de toute antiquité, modèle de l'Hospitalité des têtes couronnées, et
surtout des plus belles, les découronnées, et de leur Hospitalité par les Rois.
Roi de France (car c'est mon *dernier mot,* à moi orgueilleux que je
suis, humilié que je me trouve par un Roi de ma personne (*) ; plus près

---

(*) L'Esprit Saint qui a tout dit et tout prédit, l'a fait ici, précisément par le Pro-
phète-Roi par excellence, lequel eut besoin aussi, un temps, de refuge royal; et il

parent de Louis-le-Grand que Henri de France lui-même......; de Louis-le-Grand, qui fit graver sur l'airain, ainsi que dans le cœur de ses nobles sujets, graver comme le plus beau fleuron de sa couronne, l'Hospitalité qu'il donnait aux Rois ! (*)

Un Roi qui, lorsqu'il était plus libre et plus heureux encore, lorsqu'il était *Duc d'Orléans* enfin, *promit* (**), c'est-à-dire, *jura*, apparemment, à la

---

l'a prédit, en même temps que le suicide et le régicide *par le pied* des rois inhospitaliers : *In laqueo quem absconderunt*, etc. *Constitue, Domine, Legislatorem super eos: ut sciant gentes quoniam Homines sunt :* le plus beau mot, entre dix mille mots sublimes, des cent cinquante Psaumes du plus grand Roi de l'univers...

(*) Le savant et fameux Noël de l'Université, lequel n'est pas suspect, rapporte ainsi le fait : « Sur une médaille de l'*Histoire métallique de Louis* XIV, qui exprime l'asile « que ce Roi donnait aux princes étrangers, on voit un Autel de Jupiter-Hospitalier, « orné à l'antique de têtes de bélier et d'un aigle qui porte un foudre. Au-dessus de « l'Autel sont deux mains qui se joignent, symbole universel de la concorde et de « l'amitié; plus haut est la Couronne Royale de France. Les mots de la légende sont : « *Hospitium Regibus ;* l'Asile des Rois. »

(**) M. Guizot, ministre des affaires *étrangères*, avait nié le fait à M. de Brézé à la Chambre des Pairs.

L'homme héréditairement le plus vrai, le plus fidèle de France, l'affirma en ces termes irrécusables et irrécusés : « Les explications qui viennent d'avoir lieu à la Chambre des « Pairs, relativement aux protestations contre le testament de Ferdinand VII, m'ayant « paru rester incomplètes, j'ai consulté mes souvenirs *les plus fidèles*, dans le désir « d'éclairer un point historique et de rendre hommage à la vérité. En 1829, M. *le duc* « *d'Orléans soumit au roi Charles* X *un Mémoire où il retraçait habilement les motifs* « *qu'il croyait avoir de protester contre l'ordre de succession au trône nouvellement* « *établi en Espagne.* Il s'acquittait par là d'un devoir héréditaire......

« En effet, les actes protestatifs que Monsieur, frère de Louis XIV, avait faits « contre les actes du roi d'Espagne, actes que le grand Roi fit admettre et interpréter « en faveur de son frère en 1703; ces mêmes actes, le *duc d'Orléans les renouve-* « *lait en* 1829, *contre le testament de Ferdinand* VII, en sa qualité de représentant « de la *cinquième branche* de la Maison de Bourbon, et toujours par la voie du chef « de cette auguste Maison, dans le but de réserver ses droits éventuels quel- « conques.

« Une telle protestation, ne pouvant que suivre ou accompagner celle du Roi de « France, chef de sa race, la démarche resta en suspens jusqu'à l'époque de l'expé-

Monarchie d'Espagne, à l'Espagne, et surtout à la monarchie de France et
à la France, de ne pas (et par conséquent de ne jamais) reconnaître le chan-
gement arbitraire de leur Loi fondamentale à toutes deux (*).

Un Roi enfin, mais un Roi nouveau, et qui a plus besoin mille fois qu'un
ancien de tout ce qui montre, de tout ce qui fait grands les rois anciens :
l'humanité, la bonté, la clémence, la générosité, le SERMENT ; et surtout
le privilège éminent et si facile de la royauté, de rendre la Liberté par le
seul hasard de sa présence devant un prisonnier vulgaire.

« dition d'Alger; mais, déjà après les premiers succès d'Afrique, on s'apprêtait à lui
« donner cours, lorsque les trois jours de juillet vinrent étouffer toutes ces réclama-
« tions dynastiques.

« Or, ce Mémoire consultatif et préparatoire de la protestation, ce Mémoire lucide,
« raisonné, explicatif des intérêts de la famille d'Orléans, ce Mémoire signé : *Dupin*,
« *Je l'ai lu* !   Comte de Marcellus. »

En sorte que Louis - Philippe et de *Bourbon* et d'*Orléans*, aussi habile, plus
habile même, et bien autrement heureux, et surtout de meilleure maison, que le Guillaume de *Nassau* et d'*Orange*, aussi vrai parent peut-être que celui-ci l'était faux,
n'eût pas manqué, s'il y avait eu lieu, de faire et de dire comme Guillaume, que Vol-
taire appelle *le gendre dénaturé* et *le lâche usurpateur* : « Les uns, dit M. Ancillon,
dans son remarquable *Tableau des Révolutions de l'Europe*, les uns désiraient une Ré-
gence, les autres penchaient à conférer la Royauté à *Marie*, l'épouse du prince d'O-
range. Guillaume déclara qu'il ne demandait rien, mais ne se contenterait d'une place
subalterne ni d'une autorité empruntée et précaire. Les Communes décrétèrent que le
trône serait déféré à *Guillaume et à Marie*, et qu'ils régneraient conjointement. »

(*) Il faut que le *fait* du Roi moribond d'Espagne soit bien vicié, bien supposé,
bien anti-monarchique, bien anti-social, disons-le, bien révolutionnaire. Lisez les deux
journaux les plus accrédités du temps, le *Constitutionnel* et les *Débats*, et vous l'y
trouverez *flétri*, et ses conséquences sanglantes littéralement prophétisées, dans ces
paroles du premier, développées par le second : « Ferdinand VII, instrument, sans
le savoir, d'*intérêts étrangers*, porte un coup *mortel* à sa dynastie; *il se suicide*, il
prononce, après lui, l'exclusion du sang des Bourbons du trône d'Espagne; et, sous
ce rapport, on pourrait voir *une cause de Nullité dans un acte notoirement destruc-
teur des droits de son auteur;* on pourrait élever la question de savoir si Ferdinand,
tout absolu qu'il est, *a pu dépouiller sa Famille d'un héritage qu'il n'a reçu que pour
le lui transmettre intact, et si un Prince a le droit de détruire le titre même en vertu
duquel il est Roi.* »

Bonaparte lui-même, au fort de ses despotismes royaux, lui dont Béranger a dit :

> Le Conquérant dans sa fortune altière
> *Se fit un jeu des Sceptres* et des Lois,

n'eût pas osé, dans le *statu quo* de l'Espagne, de la France et de l'Europe actuelles, faire ce que fait, sans qu'on y pense…, et sans qu'il y pense, Louis-Philippe.

Voudrait-il donner lieu de dire, et surtout de penser, et bientôt à l'Histoire Républicaine d'écrire : « Louis-Philippe d'Orléans a été tout-puissant « sur le trône des Bourbons de France pendant treize années ; et, pendant « les plus belles, il a été le geôlier des plus nobles, des plus innocents, « des plus courageux, des plus vertueux de ses cousins. — Et d'ajouter, avec plus ou moins de raison apparente : « Il a été, en cela, l'instrument « de la vengeance d'une minorité d'Espagne, et le geôlier de l'Étranger ! » —Et même de dire encore : « Et c'était peut-être (*), au fond, et en défini- « tive, à la fois pour ôter un allié probable à celui dont il occupait la place, « et, pendant long-temps du moins, dans la vue de mettre son fils, le duc « d'Aumale, sur le trône de Madrid, auquel le chef et le plus grand *Roué* « de sa famille persévérante, le Régent, en voulut en 1725 ! »

Car, vous aurez beau faire et beau dire, plus vous ajournerez la Liberté des Princes les plus royaux de votre royale Famille, et plus vous paraîtrez en avoir peur ; et plus, par là même, vous proclamerez leurs droits, leurs vertus, leur Légitimité, exclusivement.

Plus vous avez ajourné, plus vous ajournerez cette Liberté, si humaine et si urgente ; plus vous avez ajourné, plus vous ajournerez ici votre justice, et, si vous le voulez, votre clémence, dans la position et à l'âge où vous êtes, Sire…, et plus vous vous êtes exposé, plus surtout vous vous exposez encore à ne les plus pouvoir :

(*) *Cor Regum inscrutabile,* dit le roi Sage par excellence, en ses *Prov.* xxv.

Le Chrétien, le plus jeune, et surtout le plus jeune roi Très-Chrétien, devant un devoir ou une vertu, ne connaît pas de *lendemain ;* car *le jour* même peut lui échapper ou à d'autres ; et au lieu de Trônes, il peut ne plus s'agir que de cercueils.

Plus aussi vous répondrez de toutes les calamités du Royaume le plus Français de l'Europe, selon la seconde prophétie de Pascal (la première est celle du *Roi rétabli* par le *Grain de Sable*, et qui la précède *immédiatement !*) : « Quand il est question de juger si on doit faire la guerre, et tuer tant d'hommes, CONDAMNER TANT D'ESPAGNOLS A LA MORT, c'est UN HOMME SEUL qui en juge, ET ENCORE INTÉRESSÉ ; ce devrait être un tiers indifférent. »

J'ai l'honneur d'être, de Votre Majesté, Sire, le plus rationnel, le plus vrai, le seul vrai peut-être, le seul désintéressé, de vos amis politiques, et même de vos sujets religieux,

A. Madrolle.

§ III.

SUPPLIQUE
Au Congrès
POUR L'ESPAGNE.

Sa Cause à Tous les Rois n'est-elle pas commune?
ATHALIE.

Sont-ils venus les temps où ce ne serait plus aux Conjurés, mais aux Rois eux-mêmes, qu'il faudrait s'écrier : *Quousquè tandem abutère patientiâ nostrâ, Catilina?...*

Les Peuples n'ont pas, comme Dieu, une raison de *patience* dans l'Éternité.

« Le Droit des Gens, dit l'auteur de l'*Esprit des lois*, est naturelle-
« ment fondé sur ce Principe, que les diverses Nations doivent se faire,
« *dans la paix, le plus de bien,* et dans la guerre, le moins de mal
« qu'il est possible. »

Les *Congrès* et la *Sainte-Alliance*, que les Empereurs Alexandre et Nicolas contresignèrent : « Conformes à l'original, à Saint-Pétersbourg, le jour de la Naissance de Notre Sauveur, le 25 décembre 1816 »...; les *Congrès* et la *Sainte-Alliance* qui auraient un autre *Droit des Gens* pour principe et pour objet, seraient des crimes et des scandales.

Vous laissez, tous tant que vous êtes, Rois de France et de Belgique, Roi de Prusse, Roi de Bavière, et surtout Empereurs d'Autriche et de Russie, Roi de Sardaigne (celui de Naples... n'est plus), vous, plus maître chez vous, et Généraux d'une Armée disponible de 4,000,000 hommes, vous laissez le plus beau Pays, la plus magnifique Monarchie de

l'Europe, celle qui découvrit le Nouveau-Monde et lui commanda, en
même temps qu'à l'ancien, vous laissez le plus riche Trône de l'Univers, en proie aux plus *petits nombres*, aux *premiers occupans*, aux
derniers venus, des plus viles classes; et, ce qui est pire, à quelques
Grandesses d'Espagne, à quelques Princesses du sang dégénérées;

Vous les laissâtes, vous les laissez, s'entretuer, s'entrégorger, quelque
fois en *guet-à-pens*, tous ensemble.

Et ne voilà-t-il pas le Portugal, dont la destinée sera toujours liée à celle
de l'Espagne (*), le Portugal que nous croyions, et qui se croyait, sorti des

---

(*) Notre simple vertot le prouve parfaitement dans son *Histoire*, historique celle-
là, de la si ligitime *Révolution de* 1640 :

« Le Portugal suivit la destinée des autres provinces d'Espagne; il passa sous la dénomination des Maures. Ces infidèles y établirent différens gouverneurs, qui, après la
mort du grand Almanzor, se rendirent indépendans et s'érigèrent en petits souverains.
L'émulation et la différence d'intérêt les désunit, et le luxe et la mollesse achevèrent
de les perdre. Henri, comte de Bourgogne, et issu de Robert, roi de France, les
chassa du Portugal vers le commencement du douxième siècle. Ce prince, animé du
même zèle qui forma en ces temps-là tant de croisades, était passé en Espagne dans
le dessein d'y signaler son courage contre les infidèles. Il fit ses premières armes sous
le commandement de Rodrigue de Bivar, ce capitaine si célèbre sous le nom du Cid.
Il se distingua, dans ces guerres de religion, par une valeur extraordinaire. Alphonse VI,
roi de Castille et de Léon, lui confia depuis le commandement de ses armées. On pré-
tend que le prince français défit les Maures en dix-sept batailles rangées, et qu'il les
chassa de cette partie du Portugal qui est vers le nord. Le roi de Castille, pour atta-
cher à sa fortune un si grand capitaine, lui donna en mariage la princesse *Thérèse* sa
fille, et ses propres conquêtes pour dot et pour récompense. Le comte les étendit par
de nouvelles victoires. Il assiégea et prit les villes de Lisbonne, de Visée et de Conim-
bre : il eut le même succès dans les trois provinces entre Duro et Minia. Henri en forma
une souveraineté considérable, et sans être roi, et sans en avoir pris le titre, il jeta les
fondements de celui de Portugal.

« Le prince Alphonse son fils succéda à sa valeur et à ses états; il les augmenta même
par de nouvelles conquêtes. Ce sont des héros qui fondent les empires, et des lâches
qui les perdent. Les soldats du comte Alphonse le proclamèrent roi, après une grande
victoire, qu'il avait remportée contre les Maures; et les états généraux, assemblés à
Lamego, lui confirmèrent cet auguste titre, qu'il laissa avec justice à ses successeurs.
Ce fut dans cette assemblée des principaux de la nation qu'on établit les Lois fonda-
mentales touchant la Succession à la couronne. *Que le Seigneur Alphonse Roi vive, et
qu'il règne sur nous*, ainsi que portent les deux premiers articles de ces lois. *S'il a des*

révolutions..., suspendu seulement entre elles, et à la veille peut-être d'une rechute...; au point de faire dire au *Siècle* d'aujourd'hui : « La fille de Don Pedro (il n'ose pas même dire : *la Reine!*) change de *Chartes* au gré de l'armée, comme de robes au gré de sa dame d'atours. *Voilà jusqu'où peut descendre la Royauté.* »

Je dirai, moi..., jusqu'où peuvent descendre les Royautés et les Saintes Alliances....

Vous faites plus et pire : Vous laissez l'Espagne et le Portugal se corrompre et se soumettre à l'or et à l'orgueil de l'Angleterre, votre éternelle ennemie à tous.

Et cela depuis plus de 15 années !

Et pourtant, il ne vous faudrait pas même, pour arrêter les calamités de l'Espagne, et pour prévenir celles du Portugal, une armée choisie et bien commandée de 50,000 hommes, comme nous en avons 500,000 en France, mais seulement une *Volonté* proclamée de la France toute seule (**).

---

enfants mâles, qu'ils soient nos rois : *le fils succédera au père, puis le petit-fils, et ensuite le fils de l'arrière-petit-fils, et ainsi à perpétuité dans leurs descendants.*

III. Si le Roi meurt sans enfants mâles, *le Frère du Roi, s'il en a un, sera notre Roi.*

IV et V. Si le Roi de Portugal n'a point d'enfant mâle, et qu'il ait une fille, elle sera reine après la mort du roi, *Pourvu qu'elle se marie avec un seigneur Portugais ;* mais il ne portera le nom de roi que quand il aura un enfant mâle de la reine qui l'aura épousé.

VI. *Que cette Loi soit toujours observée, et que la fille aînée du roi n'ait point d'autre mari qu'un seigneur Portugais, afin que les princes Etrangers ne deviennent point les maîtres du royaume.* Si la fille du roi épousait un prince ou un seigneur d'une nation étrangère, elle ne sera pas reconnue pour reine, parce que *nous ne voulons point que nos peuples soient obligés d'obéir à un roi qui ne serait pas né portugais ;* puisque ce sont nos sujets et nos compatriotes, qui, sans le secours d'autrui, mais par leur valeur et aux dépens de leur sang, nous ont fait roi. » (Logique nationale superbe).

« C'est par de si sages lois que la couronne s'est conservée pendant plusieurs siècles dans la royale maison d'Alphonse. Ses successeurs en augmentèrent l'éclat et la puissance par les conquêtes importantes qu'ils firent en Afrique, dans les Indes, et depuis dans l'Amérique. »

(*) Il est remarquable, à la gloire de la France, qu'un de ses grands Magistrats, le Président de Selves, ait prédit, il y a trois cents ans, à la fois le mal et le remède, et

8

Les *Rois* qui *s'en vont* le mieux, sont les rois qui demeurent, car ce sont les plus efféminés.

Soyez-en sûrs, c'est votre apathie dans vos devoirs envers les Nations, c'est votre *Déni de Justice* envers les Nations, ce sont vos attentats contre les Nations, qui sont les premières et les dernières causes (après votre indifférence envers Dieu) de vos terreurs indigènes, et des révolutions qui vous menacent incessamment (*), et dont je vous annonce, moi, les dernières, toujours moins prévues et pires que toutes les précédentes. — « Pourquoi les Nations ont-elles tremblé, et les peuples médité, conjuré des vanités?... C'est que les Rois de la terre se sont faits *Convention* contre le Seigneur : Et Principes *Convenerunt in unum adversùs Dominum*. — Ils ont dit : Rompons nos liens... Mais celui qui habite dans les Cieux s'est ri des Rois et des Peuples, et il leur a répondu : Je vous briserai, comme le Potier un vase d'*argile* : *Et tanquàm vas figuli confringes eos.* — Et maintenant, Rois, comprenez : *Et nunc, Reges, Intelligite!* » PS. ii. 1—10.

---

précisément à Madrid, où la Mère de François 1ᵉʳ l'avait envoyé racheter la Liberté du Roi, la plus grande et la plus garante des *Libertés Nationales :* — « Les Peuples, « après avoir méconnu leurs Pasteurs légitimes, ont sécoué le joug des Lois et des « Magistrats : *Il n'y a plus que le concert et l'union entre les Grandes Puissances* « qui puissent maintenir l'Autorité Légitime et préserver l'Europe d'un Boulever- « sement général. »

(*) Montesquieu, dont l'*Esprit des Lois* a compromis tous les rois qu'il n'a pas perdus depuis un siècle juste, a dit, dans sa *Grandeur des Romains*, la seule vérité qui pourrait les sauver : «Vous remarquerez que, dans ces guerres civiles qui durèrent si long-temps, la puissance de Rome s'accrut sans cesse au dehors. Sous Marius, Sylla, Pompée, César, Antoine, Auguste, Rome, *toujours plus terrible, acheva de détruire tous les rois qui restaient encore.* »

« *Il n'y a point d'État qui menace si fort* les autres d'une conquête *que celui qui est dans les horreurs de la guerre civile.* Tout le monde, noble, bourgeois ; artisan, laboureur, y devient soldat : et lorsque, par la paix, les forces y sont réunies, cet État a de grands avantages sur les autres, qui n'ont guère que des citoyens. D'ailleurs, dans les guerres civiles, il se forme souvent de grands hommes; parce que, dans la confusion, ceux qui ont du mérite se font jour, chacun se place et se met à son rang ; au lieu que, dans les autres temps, on est placé, et on l'est presque tout de travers. Et, pour passer de l'exemple des Romains à d'autres plus récens, les Français n'ont jamais été aussi redoutables au dehors qu'après les querelles des maisons de Bourgogne et d'Orléans, après les guerres civiles de la minorité de Louis XIII et de celle de Louis XIV. L'Angleterre n'a jamais été si respectée que sous Cromwell, après les guerres du long parlement. Les Allemands n'ont pris la supériorité sur les Turcs qu'après les guerres civiles d'Allemagne. Les Espagnols, sous Philippe V, d'abord après les guerres civiles pour la Succession, ont montré en Sicile une force qui a étonné l'Europe. »

www.ingramcontent.com/pod-product-compliance
Lightning Source LLC
Chambersburg PA
CBHW051245030726

47595CB00003B/1095